# "好人"只会越当越委屈

不要让讨好型人格成为你的坏习惯

「ひとりで頑張る自分」を休ませる本

[日] 大岛信赖 —— 著
段连连 —— 译

九州出版社
JIUZHOUPRESS

# 前　言

## 你会选择没有回报的人生吗？

一名女士因为无法与人建立亲密关系前来咨询。

据她说，和她同期的职场新人一个个都在公司升了职，只有她还停留在原来的岗位，看不到晋升的希望。

她经常主动帮助工作中遇到困难的同事，然而被帮助的人不仅不表示感谢，还会抢走她所有的功劳。

明明自己还有一堆工作，可只要身边的同事请求帮忙，她就是无法拒绝。她总是将自己的工作置之一旁，优先帮助其他人处理工作。

明明是为了他人而牺牲自己，结果反而被同事疏远。自己还在加班，其他人却早已不见踪影，最后发现：啊！大家早就走了！

即使大家一起去聚餐，却不知何故只有自己没被邀请，往往总是只留下自己一个人孤零零地在公司继续工作。

就连私人生活方面也一样，自己费尽心思讨好交往的恋人，却还是时常觉得委屈："为什么他对我如此冷淡？"对方还会无缘无故对自己摆脸色。

明明付出了一片真心却得不到任何回报，就连她自己也觉得难以置信。

恋人对毫不相干的人都能和颜悦色，但是对自己却总是一脸冷漠。老是见不到他的笑脸，渐渐地，彼此的感情也变淡了。

她的恋爱关系总不长久。

她把自己苦闷的心情向朋友倾诉，朋友劝她："那是因为你太'老好人'了，以后别再这样下去了！"

于是，她下定决心再也不当"好人"了。然而一上班，遇见工作中有困难的同事，她还是会忍不住，进入主动帮助他人的模式，又回到原来的状态。

**"好人"只会越当越委屈，受到不公正的待遇，甚至遭人厌恶。**

但是，如果不当"好人"，又会害怕大家疏远离开自己，因而不得不做"好人"。

一个人胡思乱想，担心不当"好人"就会被人讨厌，因而不敢不做"好人"。但实际上，做"好人"已经成为本能，自己也无法控制，瞬间就变成了"好人"。

就算下定决心不当"好人",也会因为他人的某种反应和态度,瞬间变回"好人"。

所以才会烦恼,"自己可能无论如何都无法不当'好人'……"

但想到当"好人"并不会伤害周围的人,也不是在做错事,于是就会保持现状,继续当"好人",并安慰自己:"算了,就这样吧。"可是当"好人"又的的确确会对自己的人际关系和人生造成损害。

即便如此,"好人"还是想得很开:"反正也不会给他人添麻烦,就这样吧!"

本书开头提到的那位女士就是这样,很难按照自己的意愿放弃当一名"好人"。但是,和我进行咨询之后,她发生了改变,不知不觉间不再当"好人"。

那之后,她感到职场的工作氛围发生了变化,团队合作配合更为默契,工作效率也得到了提升。

而且,过去恋人总是态度冷淡,让她伤心不已。但现在她却惊讶地发现:咦?自己稍微任性一点,对方反而会过来围着自己转。

对方的转变让她倍感诧异。

"过去自己当'好人'时，为他付出那么多，根本想不到有一天情况会反转。"

**她拒绝再当"好人"之后，也收获了真正的友谊。那些让她不快的人会离开，真正志同道合的朋友会靠近。**

这时，她不禁感慨道："都怪当了'好人'，自己才会识人不清，误交损友！"

她之所以会这样想，是因为她终于摆脱了"好人"的桎梏，身心变得无比自由，无比愉悦。

如果这位女士仍然是个"好人"，会怎样呢？

那她现在一定还在自我牺牲，继续替其他人干着不属于自己分内的工作，极力讨好一脸不耐烦的恋人，费力维系一段让自己心累的友情。

读到这里，你可能也会感同身受。

本书就是专为这一类人而写的。他们过分在意他人，疲于应付他人，无法随心所欲地生活。

**害怕被人讨厌吗？**

**不为他人做点什么就无法平静下来吗？**

**这些都是你在钻牛角尖而已。**

**就算真的被人讨厌，什么都不为他人做也没有关系。你依然是一个值得被爱的人。**

"不可能。不为他人着想，自己怎么可能被人珍爱呢？"

可能有人还是会有这样的疑问。但是，如果你能把本书读完，就一定会明白这个问题。前面所说的那位曾经当"好人"的女士，就微笑着说过："不再扮演'好人'之后，所有的事情都好了起来！"

也许你曾经想要放弃当"好人"，却发现无论如何也做不到。但只要彻底了解其机制，再抓住一点小诀窍，你就可以不知不觉间摆脱"好人"的标签！然后，你就会变得越来越自由，周围的人也会和你一样，可以自由自在地生活。

我希望正在阅读本书的你，能够享受自在生活的人生乐趣。

# 目 录

**前言**

你会选择没有回报的人生吗？—— i

## 第 1 章 "好人"只会越当越委屈

- 人际关系的恒定性 —— 3
- 你当了"好人"，别人就只能当"坏人" —— 6
- 为什么好心没有好报 —— 10
- 万能感：觉得自己可以改变对方 —— 13
- "好人"父母会给孩子制造压力 —— 17

## 第 2 章 启动"快乐—不快"的开关

- "快乐—不快"的开关 —— 23
- 不懂拒绝的人跟复印机没有区别 —— 26
- 过于在意他人的感受，会导致"快乐—不快"的开关故障 —— 30
- 你会感到压力，是因为配合他人的"快乐—不快"开关 —— 33
- "好人"不懂善用体贴 —— 35
- 摆脱父母的"快乐—不快"开关 —— 38
- 幸福要以自己的感受为中心 —— 42

## 第3章　摆脱"万能感"

- 责备自己没当"好人" —— 47
- "可怜"是一个需要警惕的词 —— 49
- 当"好人"是培养不出自我肯定感的 —— 52
- "好人"想拯救的是过去的自己 —— 56
- 不要试图控制万能感 —— 59
- 承认万能感 —— 61
- 不要随意猜测对方的感受 —— 65
- 就算不当"好人",也不会被孤立 —— 67

## 第4章　消除过去持有的"罪恶感"

- 不要再因为没有帮到别人而有罪恶感了 —— 75
- 罪恶感让你受他人支配 —— 78
- 要敢于利用他人的力量 —— 81
- 大声说"我不再当'好人'了" —— 84
- 贴心的你不需要强颜欢笑 —— 89
- 不要因为拒绝他人而责怪自己 —— 91
- 卸下伪装,就能得到他人的信赖 —— 93

## 第5章 把自己当成世界的中心

- 世界以我为中心 —— 99
- 以自己为中心就能让大家幸福 —— 101
- 承认错误，但无需反省 —— 103
- 对自己说："我就是最闪亮的那颗星！" —— 106
- 只在乎自己的快乐 —— 108
- 不要帮助遇到困难的人，而是仔细观察 —— 111
- 把时间用在自己身上 —— 113

## 第6章 不再害怕被人讨厌

- 以自己的正当需求为中心，不要怕遭人嫉妒 —— 119
- 被人嫉妒时，将注意力放在脚底 —— 122
- 强化吸引力，使讨厌的人远离自己 —— 125
- 大胆表现出讨厌的态度 —— 127
- 对他人的嫉妒来自万能感 —— 128
- 释放被压抑的情绪 —— 130
- 尝试挑战因为害怕而不敢做的事情 —— 132
- 给总是为他人幸福着想的你 —— 135

# 第 1 章

## "好人"只会越当越委屈

## 人际关系的恒定性

造成人际关系紧张的原因多种多样。

其中最重要的就是人际关系的恒定性。

恒定性是人体机能"折中之力"在发挥作用。

**如果产生了积极的"活力",就需要消极的"忧郁"进行中和,让高涨的情绪平静下来。这一心理活动也就是恒定性。**

比如,前一天大家一起愉快地喝酒,兴奋地喊"开心",第二天清晨,难免会大为懊恼:"啊!真不该玩得那么凶!""难受"的情绪就中和了"开心"这一高涨的情绪。

期待不已时也会突然产生不安,担心万一发生突发情况该怎么办。这也是由于大脑中"折中"这一恒定性机能在发挥作用。

反之亦然。就算灰心丧气,不久就会逐渐恢复到原来的状态,这也是因为恒定性机能在发挥作用。

恒定性也会对人际关系产生影响,但是很少有人关注到这一点。

我对"人体激素对压力的作用"很感兴趣,曾对压力激素进行过研究。

当有人按响汽车喇叭时,人们就会感到烦躁:"那家伙到底怎么回事?"之所以会这样,是因为听到喇叭响起的瞬间,人体的压力激素值就会飙升。**一旦开始分泌压力激素,身体和精神就会做好与他人争论或随时逃跑的准备。**

但是,情况因人而异。也有人不会马上分泌压力激素或只分泌很少的压力激素。在这种情况下,事情过后人们往往会感到无比后悔,会觉得吵架的时候没有发挥好,于是,更加怒气难消。

有一次,一对夫妇前来咨询,丈夫脾气暴躁、易怒,而且控制不住自己的情绪。丈夫就像个不良少年,态度恶劣。坐在一旁的妻子提醒道:"在他人面前收敛点!"

于是,我为她丈夫进行了压力刺激检查,发现他在压力之下,无法正常分泌压力激素。

相反,妻子在压力刺激下能够正常分泌压力激素。因此,我只给她丈夫做了治疗,确保其压力激素能够正常分泌。

几个月后,那对夫妇再次前来咨询时,令人惊讶的事情发生了，夫妇两人的表现发生了逆转。

妻子打扮得像个不良少女，言语粗俗。而坐在旁边的丈夫却坐姿端正，认真回答我的问题，变成了一个"好人"。

之后，**我又给两人做了压力激素的检查，得到了一个更令人吃惊的结果，妻子和丈夫的压力激素分泌情况完全逆转了！**原本是"好人"的妻子无法正常分泌压力激素，反而是丈夫受到压力刺激时，能够正常分泌压力激素。

当时，我切实感受到，人际关系中确实也存在恒定性。

我对父母和子女进行压力检查，也得到了相同的结果。

结果表明，原本叛逆的孩子成为"好孩子"，能够冷静地处理压力，而原本的好妈妈反而会做出奇怪的反应。

也就是说，不仅仅是个人体内的激素讲究平衡，就连人际关系中，恒定性也在发挥作用。

因此，**如果你顾及周围人的感受而成为"好人"，那么对方就会站在"好人（你）"的对立面，肆无忌惮地利用你，以取得人际关系的平衡。**

只要你继续当"好人"，他人就会变本加厉地欺负你，让你对人际关系感到痛苦。（"为什么这么对我！"）

我在前面提到的那对夫妇，一开始妻子是个"好人"，非常温柔地对待丈夫。即便如此,丈夫还是慢慢变成一个既不工作又没用的男人。后来,当丈夫变成一个"好人",开始努力工作养家,妻子反而开始不干家务。

假如为了对方而成为"好人",为了保持平衡,对方就会变成一个对你呼来喝去的"坏人"。因此,你越是当"好人",周围的人就会越发地寻求平衡,从而变成针对你的"坏人",使你深受人际关系的困扰。

## 你当了"好人",别人就只能当"坏人"

"好人"认为,对方应该理解自己。

比如,一个"好人"妻子想着"我给他好好收拾一下的话,丈夫也会高兴吧",然后主动把丈夫乱扔的东西整理好。妻子会觉得"我为了让他高兴而收拾东西,丈夫应该会明白我的一番心意"。

但是,丈夫回到家后,突然变得怒不可遏:"你把我的东西放哪儿去了?!"

妻子大吃一惊:"为什么会生气?!""明明是想让你感受到我对你的关心,结果却变成这样!"妻子深受打击,伤心不已。

丈夫却认为妻子之所以收拾东西是"因为我乱放东西，妻子为了惩罚我，故意把东西藏起来"。

"好人"的心意并没有传达到，还误以为"对方也会明白自己的心意"，从而感到委屈——"你为什么就是不能理解我呢？"

明明是满怀善意的举动，对方却成了"坏人"，恶意歪曲理解。自己就会很难过，想不通为什么会变成这样。

正如"以心传心"一词所说的那样，人们认为把自己的所思所想传递给对方，对方应该就会理解自己。但这不过是人们的误解罢了。

的确，在人际关系中，恒定性在发挥作用并使其保持平衡，因此对方多多少少会知道你的心意。

不过，**就算我们的善意传达给对方，恒定性为了保持平衡，也会让对方自动扮演"坏人"的角色，从理解我们的一方变成了满怀恶意的一方。**

但是，人们深信，只要自己付出一片真心，对方就一定会理解自己。

结果发现，对方的反应和我们预想的不一样，我们就会难过不已。有人曾给职场的同事提建议：仪容整洁大方会给顾客留下更好的印象。可是同事却怒道"你竟然说我邋遢"，再也不理这个人。

**提建议时，我们很容易产生误解，以为对方应该可以感受到自己想要帮助他的心意。**然后认为"看看我平时对待你的态度，你就会明白，我从来没有想过要否定你"。

但实际上，因为恒定性的作用，如果我们成为"好人"，为了保持平衡，对方就可能会扮演"坏人"的角色。他会认为你一定是在否定他，从而使扮演"好人"的你备受折磨。

恒定性在亲子关系中也在发挥作用，所以扮演"好人"的一方会认为"因为我们是亲子，所以对方一定能够理解我"，结果发现自己的预想完全落空了。

孩子陷入金钱危机，"好人"父母就会直接给孩子钱，希望孩子能用这笔钱重新振作起来。

然而，孩子却可能变身为"坏人"，"好人"父母的心意完全没有传达给孩子。孩子只会认为"父母觉得我没用，所以才会给我钱！我变得这么没出息，都是父母的错，父母给我钱也是天经地义的"，然后心安理得地收下了父母给的钱。

任意挥霍父母给的钱财，孩子不但没有重新振作，反而渐渐变成一个没用的人，"好人"父母就会受到伤害，觉得被孩子背叛了。

"好人"会把对方的所作所为往好的方向解释，并用善意接受对方的一切，所以他们会认为"就像自己理解对方一样，对方也会理解自己"。

但是，问题在于，当我们处于"好人"的立场时，为了保持平衡，对方会自发地站在相反的立场上，最终我们就会明白，对方并不理解自己。

我们越是扮演"好人"，对方就越觉得"虽然明白你的心意，但无法坦率接受你的好意"，从而采取一种否定消极的态度。"好人"就会受到伤害，难过不已。

所以，"自己的善意一定传达给了对方"或者"对方一定会理解自己"这种自以为是的想法才是我们痛苦的根源。

一旦认为"对方理解自己"，就会越发坚定地站在"好人"的立场上。这源自性善论，即"人性本善"。也就是说，自己是"好人"，那么对方也一定是"好人"，会明白自己的好意。

也许在一对一的情况下，性善论是成立的。但是如果将范围扩大至多人，保持平衡的恒定性就会发挥作用。那么，"好人"注定会受伤难过,因为"对方的反应和自己想的完全不一样"。

## 为什么好心没有好报

由于恒定性在人际关系中会发挥作用,因此为了取得平衡,有人当了"好人",就一定会有人扮演"坏人"。"好人"并不清楚这一点,因而会愤慨:"为什么我一心为你着想,你却一点都不明白!"

对方接受了自己的善意,却不想和自己一样成为"好人"。我们就会感到愤怒,并向对方表达自己的不满,责怪对方。"好人"甚至会大发雷霆,质问对方:"为什么你一点都不明白!""为什么你连这么简单的事情都做不到!"

在"好人"大发雷霆的那一刻,"好人"就已经不再是"好人"了。由于抱着"自己是在为对方着想"这种自以为是的想法,"好人"一心想要改变对方,无法停止自己蛮横的态度。

一个人好心提醒邻居太太没有按照规定倒垃圾,认为"这样下去的话，她会被邻里讨厌，就太可怜了"。然而，这位太太却觉得受到了冒犯，态度很不耐烦。这个人看到她这种态度，再次提醒道："欸，你怎么这样，都说了社区不允许这么做！"

明明是为了让邻居太太理解邻里关系的重要性才好心提醒，可是那位太太却逐渐不耐烦起来。看到她这种态度，自己当然会"生气"，甚至到最后，自己也变得蛮横起来："你！不要太过分！"

然而，令人难以置信的是，自己却被其他邻居告诫："不要欺负新搬来的人。"明明是为了邻里和睦才主动提醒，却被误会，自己反倒成了咄咄逼人的"欺凌者"。之后，街坊四邻流言飞起。结果，这个"好人"反倒被人们看成是一个"蛮横的人"，为此"好人"感到十分委屈。

如果我们扮演"好人"，恒定性就会发挥作用，对方就会扮坏人的角色，所以我们的心意就传达不出去。

**我们越是当"好人"关心对方，对方就会相应地变得越来越坏。**"必须要为对方做些什么"的好心想法进一步加深，"好人"最后就会变得暴躁，怒斥道："你给我适可而止吧！"

夫妻关系也是一样，对于家里的丈夫，"好人"妻子会因为担心"丈夫如果不敞开心扉的话，两人之间就会产生误会"，所以请求丈夫"把你的想法好好告诉我"。但是，妻子一旦当了"好人"，丈夫就会自动扮演与其相反的角色，所以丈夫会采取一种"你别管我"的态度。

于是，"好人"妻子就会感到愤怒："我是为了你才这么说的，可你什么态度？！"然后变得蛮横起来："就你这样，谁看得上你！"

"好人"妻子原本心想：如果能够更加坦率地表达自己的感受，丈夫在工作单位也会成为一个受欢迎的人。然后开始劝说对方，最后却变成责备丈夫。而丈夫越来越不听自己的话，两人的关系也变得很僵。

之后，丈夫还是一脸不耐烦，"好人"妻子就会变得更加蛮横，变本加厉责怪对方，使夫妻关系破裂。"好人"妻子完全不会觉得自己态度蛮横，因为她认为自己都是为了丈夫好。

**相反，"好人"妻子会认为，变成这样是因为丈夫没有坦率接受自己的心意，千错万错都是丈夫的错。**所以，如果丈夫不接受自己的心意，"好人"妻子就会愈发蛮不讲理，最后破坏彼此的关系。

也许亲子关系最容易说明这一点。

"好人"父母担心孩子这样下去无法在社会立足,就会提醒孩子要好好跟人打招呼。但是由于恒定性在亲子关系中的作用,孩子就会变得不听话。

然后"好人"父母愈发觉得忧心:"再继续这样下去,孩子就没救了。"于是父母变得愈加蛮横,甚至大发雷霆:"你为什么就是不听父母的话呢!"

**孩子对父母采取反抗的态度,是因为父母越是当"好人",孩子就越是被迫扮演"坏孩子"的角色。**这样的后果就是,"好人"父母变得越来越蛮横,只看得到孩子的态度不好,根本意识不到自己的蛮不讲理。等到父母回过神来的时候,亲子关系已经破裂到无法修复的地步。

## 万能感:觉得自己可以改变对方

在夫妻关系中,如果有一方是"好人"的话,夫妻关系就会恶化。

通常人们认为,如果夫妇中有人充当"好人"的角色,夫妻关系就会变得美满。但实际上恰恰相反,这只会导致夫妻关系走向破裂。

妻子越是当"好人",丈夫在人际关系恒定性的作用下,就会变成"没用的人",妻子就会越发感到压力。**当大脑因压力而放电时,妻子心中就会产生万能感,觉得"必须用我的力量来改变丈夫"。**

不仅是夫妻关系,在其他的人际关系中,只要压力过大致使大脑放电,人就会涌现出一种万能感,认为"自己拥有改变他人的能力"。

所谓万能感,就是一种感觉,认为"自己无所不能,可以改变他人"。越成熟就越能看清现实,明白并非如此。但是如果大脑因压力而放电的话,就会使人像幼稚的孩子一样,内心充满万能感,认为自己"可以改变对方"。

**但是,拥有万能感想要改变对方,却发现对方没有任何改变。这样一来,压力就会增大,在压力作用下大脑会持续放电,万能感也会增加,就会更加想要控制对方。**

然而,越是想要控制对方,越是不能得偿所愿,只会增大压力,使得大脑持续放电。大脑放电的那一瞬间,自己就会变成"破坏型人格",攻击伤害对方:"你怎么这么没用!"

如果丈夫扮演"好人",妻子在恒定性作用下,就会被迫扮演"坏妻子"。于是,"好人"丈夫在坏妻子的压力之下而大脑放电,从而被万能感蛊惑,认为自己必须要为妻子做些什么。

在万能感的怂恿下,丈夫越是想要为妻子做些什么,妻子就会越来越坏。最后,大脑由于压力过大而持续放电,丈夫就会发飙,突然变身为破坏型人格。

**在这种情况下,丈夫不会采取责骂这种直接攻击,而是采取"被动攻击"这种方式。**

"妻子让做三件事,我就一件也不做。"

"妻子说的话,我转头就忘。"

"妻子让我往东,我非要往西",等等。

这就是"不配合""无视对方"的被动攻击。

一旦受到被动攻击,妻子就会压力倍增,对本应是"好人"的丈夫产生越来越多的不满,但即使对丈夫发火,最后也会觉得"自己太任性了"而责备自己。

这样一来,妻子心中的怒气无法发泄出来,怒气就会慢慢侵蚀她的身体,最后,她的身体就会变得虚弱不堪,甚至动弹不得。妻子就会走向毁灭。

由于丈夫在外也是一副"好人"的样子，周围的人无法相信他会对妻子采取被动攻击。因此，妻子就会被周围的人责备"都是你的错"，变得越来越愤怒，身体愈加不好，最终病倒。

妻子是"好人"的话，在恒定性作用下，丈夫就会恣意妄为，对妻子说些过分的话。妻子受到来自丈夫的压力而脑内放电，受到万能感支配，认为"只有我能接受和理解他"。

然而，妻子越是当"好人"，丈夫就越会得寸进尺，更加蛮横，妻子的压力进一步积累，就会突然爆发，变成破坏型人格，对丈夫发动被动攻击。

**妻子故意犯错，即使在重要场合也毫不在意，一次又一次地激怒丈夫。**但是，由于破坏型人格是突然爆发而形成的，本人完全没有意识到自己是故意的。

有时会因为不小心而惹怒丈夫，使丈夫不能保持冷静，变得更加蛮横，最终成为一个对社会有危害的人。就算其他人劝她"为什么不离开那种人"，但是由于在压力之下脑内放电而产生万能感，妻子也会认为"丈夫不能没有我"。

周围人完全想不到，这些"好妻子""好丈夫"会攻击自己的伴侣。

大家只会认为，是"好人"的伴侣不好。但实际上，扮演"好人"的一方，在压力作用下大脑放电，不断伤害对方，甚至突然爆发攻击对方。

但是，"好人"完全没有这个自觉，反而觉得不能理解："为什么会这样？""好人"认为自己首先要解决的问题是："为什么我会和这种人在一起呢？"即使夫妻关系破裂，也还是会重复相同的行为。

## "好人"父母会给孩子制造压力

在工作和生活中受大家尊敬的父母，他们的孩子会很辛苦。

简单来说，父母在外面扮演"好人"，对周围人多加关照，就会积累很多压力。这意味着，压力重重的父母回到家里，孩子就成了他们的发泄口。

如果顺从本心生活，只在乎自己"快乐—不快"，也就不会感到压力。但是，**如果顾及他人的"快乐—不快"，就会忽视自己的"快乐—不快"**，从而就会积攒压力。

这一过程如下：由于压力，脑内放电，就会产生万能感，认为"自己无所不知",对于不按自己的意志行动的人,就会感到压力,最后突然爆发,变身为破坏型人格并攻击对方。

假如在亲子关系中出现这种情况,父母不采取直接攻击,比如直接对孩子说教或者严厉斥责孩子,而是采取为人父母本不应该使用的"被动攻击",比如忽视孩子、对孩子漠不关心,这样会对孩子造成精神伤害。结果孩子会因为不断受到精神伤害而走向崩溃。

还有一种情况是,父母越是扮演"好人",在恒定性作用下为了取得平衡,孩子就越容易变成"坏孩子"。这是家庭内部的恒定性问题,并不是孩子想成为"坏孩子",更像是家庭自动给孩子分配了这样的角色。但是,**大家往往将其看成孩子自身的问题**,会认为"和父母相比,孩子为什么这么不成器呢"。

受此影响,"好人"父母也会产生万能感,认为"必须要为孩子做点什么",企图改变孩子。

"好人"父母越是认为"必须改变孩子",其结果,在恒定性作用下,孩子越会朝着相反的方向发展,造成父母压力增大,脑内放电,突然爆发,对孩子进行直接攻击,大喊道:"你真是够了!"或是采取被动攻击,给孩子造成极大的精神伤害,使得亲子关系破裂。

某个小镇有一位十分受人尊敬的医生,他的儿子突然有一天死活不去上学。他的妻子原本是一名护士,非常善解人意,于是全心全意地照顾窝在家里的儿子。

但是,孩子在这样无微不至的关怀下,反而越来越不敢出去,一直躲在家里,整天坐在电脑前,常年持续这种闭门不出的生活。

后来,母亲因照顾儿子而病倒,于是又换成父亲一心一意地照顾儿子。但是儿子的状态却愈发糟糕,变得害怕与人来往,无法与他人交流。

这对父母决定不再做"好人",对儿子不管不问!就在他们二人准备暂时关掉诊所去海外旅行的时候,一直不愿出门的儿子开始出门了。多年来一直勤勤恳恳给人看病的父亲对工作变得敷衍,有关医生的风言风语开始传开,"那个医生,没问题吧?"而他的儿子终于开始出门打工,找到了自己的人生道路。

由于父母的缘故,孩子在学校经常会被人说"真羡慕你有这么好的父母",这反而使得他备受折磨。**由于恒定性的作**

用，孩子被迫承担着与"好父母"相反的角色，因而感到十分痛苦。但是，无论是父母还是孩子都没有注意到这一点，他们彼此都承受着巨大的压力并持续痛苦着。

一名女孩的母亲非常热衷于志愿活动，受到很多人的尊敬和感谢。女孩的父亲也是一所名校的名师，受到在校学生和往届毕业生的尊敬。

这个女孩从小学开始就学习不好，一直受到大家的欺凌。起初，女孩虽不情愿但还是每天去学校。后来有一天，女孩爆发了："我再也不想去学校了！"很明显，这个女孩在恒定性影响下，维持了和父母的平衡。

父母"为了孩子好"而努力工作，他们主动参加志愿活动也是为了言传身教，教会孩子志愿精神。但是，由于恒定性的作用，孩子只会扮演和父母相反的角色。也就是说，只有当"好人"父母发现，自己积累的压力转移到了孩子身上，导致孩子封闭内心之时，他们才会意识到："啊！我必须停止做'好人'！"

综上所述，当"好人"会引发令人头疼的问题，不仅会破坏职场的人际关系和朋友关系，还会严重影响夫妻关系和亲子关系。

# 第2章

## 启动『快乐—不快』的开关

## "快乐—不快"的开关

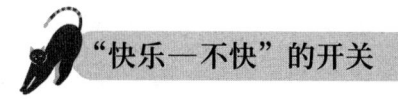

有很多人明明很关心他人，却烦恼着"总感觉只有自己融不进圈子"。明明大家气氛都很融洽，只有自己隐隐感到不合群，怀疑"是不是被大家排挤了"，从而感到十分沮丧。"我明明这么关心大家，为什么就是融不进大家的圈子呢？"这和你是否按照"快乐—不快"的动物本能行动有关。

人们只要做令人快乐的事情、不做让人不快的事情，就不会产生压力。

在集体中也是一样，只要自己能够按照"快乐—不快"这一本能行动就能融入集体，就可以毫无压力地和大家一起快乐生活！但是，**由于"好人"总是顾及周围的人，所以他们无法遵从自己内心"快乐—不快"的本能行动。**

因此，"好人"就会不断积攒压力，觉得"他人都那么轻松，自己的压力却这么大"，为只有自己吃亏而感到满心委屈。

而且，"好人"不像其他人那样按照"快乐—不快"本能行动。所以，大家在开怀大笑时，"好人"无法发自内心地笑，为了配合大家，也只能假笑。

大家就会觉得这个人"虚伪""不说真心话"，对其敬而远之,最终"好人"就会被人排挤在外。

在教室里,当大家都在谈论"那个艺人的丑闻太劲爆了",有个人试图加入大家的对话,附和说"真的很劲爆呢",但这个人一说话就冷场,让对话进行不下去,这个人也不知该如何是好。

内心深感不安并不断回想"我说了什么奇怪的话吗?"可无论怎么想,自己都只是在附和大家,并无不妥。

而且,就算自己关心周围的人,热情地说"你没事吧""你看起来状态不错",最后也会变成孤零零一个人,甚至有时会发现"没人告诉我学习结束后大家要去开茶话会",并因此倍感孤独,很伤心。"为什么我那么关心他人,却总是只有我不合群呢?"

这个人也在想:"是不是我说话的方式不对?还是说话的内容不合时宜呢?"他试图改变,但是越是迎合对方,周围的气氛就越尴尬,甚至陷入冷场。

这是因为这个人总是扮演"好人",勉强按照别人的"快乐—不快"行动。

除非按照自己的"快乐—不快"行动，加入他人的对话，否则只会让人认为自己言不由衷，"那个人和我们不一样，只有他没有说真心话"，并因此陷入被孤立的境地。

这就好比一群女高中生聊得火热，一个上了年纪的大叔突然搭话："我懂！"只会被人说："恶心！"

如果是发自内心说出"我懂"，女高中生自然会感受到并认可："这个大叔也是同道中人！"但如果只是出于"为了让女高中生喜欢上我"的目的，当然会让人感到恶心。因为一个人是不是按照自己内心"快乐—不快"行动，对方一定感觉得出来。

因此，**我们要按照自己的"快乐—不快"行动，快乐时做出回应，不快时就默不出声**。这样，周围的人就会认可你是朋友，你也就不会再格格不入了。

但是，"好人"很难做到这一点，因为他们总会下意识地顾及他人的"快乐—不快"，并去迎合对方。于是，"好人"就会感到自己被孤立，为了不被大家排挤，更加"无法不当'好人'"。

确实，"好人"在关心他人时就算感到格格不入，仍会觉得自己是集体的一分子。实际上，他们担心如果自己不再关心他人，就会变成孤家寡人，因而无法不当"好人"。

但是，这只不过是自己的"快乐—不快"开关反应迟缓而已。因为常年没有使用自己"快乐—不快"的开关，要想掌握使用这一开关的诀窍可能还需要一点时间。但如果能够做到这一点，"好人"一定会感慨"原来这就是普通人的感觉"。

## 不懂拒绝的人跟复印机没有区别

有个人经常给公司的同事买礼物，而且还总是积极主动帮助同事完成工作。当然他本可以不用这么做。

然而，他一心为他人着想却得不到一点回报，反而是另一个对他人漠不关心的人受到追捧，这实在令人不爽。

于是这个人逐渐心生不满："我明明这么努力，为什么就不能像那个人一样得到他人的追捧，被周围的人多加关照呢？"当不满积累到一定程度，他萌生了辞职的想法："这么讨厌的公司，我不干了！"

有一次，这个人向上司表达了自己正在考虑离职的想法。本以为一定会得到挽留，以为上司会说"你要是辞职的话，我可就头疼了"，结果上司只回答了一声"哦，好的"。于是他愤而离职,"再也不想在这种家伙手底下工作了"。

诸如此类的例子也表明,很多人在按照自己"快乐—不快"的开关行动。

但是,"好人"总是顾及对方的"快乐—不快","我这么做那个人会开心吗?""对那个人有帮助吗?"置自己的"快乐—不快"于不顾。在对方看来,因为你不知道打开"好人"的"快乐—不快"开关,可能会觉得"这个人和我不是一类人"。

**如果一个人没有"快乐—不快"开关,那和机器没有什么两样。虽然复印机帮助我们打印好了指定的文件,但也不见得有谁会感谢它。**

就算向复印机表达感谢,因为复印机没有"快乐—不快"开关,它也根本不会得到"快乐"的反馈。

"好人"的情况和机器类似,由于总是考虑对方的"快乐—不快"开关,所以就算被对方感谢,也无法坦率地表达自己的"快乐"。于是,人们逐渐将"好人"视为机器,认为他们的所作所为都是"理所当然"的。

对工作一点都不上心的人得到大家的感谢,而"好人"这么努力，却得不到他人的丝毫感激，也得不到任何回报。

收到他人的请求时，"好人"就算表现出嫌弃的意思，因为没有启动自己的"快乐—不快"开关，那么即使表现出"不快"，表示"这个工作我做不了"，对方也接收不到讯号。

"拒绝的话对方会有什么反应呢？""好人"考虑到对方可能会"不快"，因为无法传达自己的"不快"，只能做别人硬塞进来的工作。

而且，对于被人强加的工作，虽然自己十分"不快"，还是会拼尽全力去做，但这一点没有传达给对方，所以得到了和复印机一样的待遇，使对方认为自己帮忙是理所应当的。

"好人"由于被人看作是一个没有"快乐—不快"开关的人，就算抱怨自己得到的待遇，也无法将感受传递给对方，只会加剧自己的不满。**何况就算拒绝，如果没有把自己的"不快"传递给对方，也只会越来越委屈，最后爆发："别再找我了！"**

自己就算尽力帮忙，如果没有将自己的"不快"传递出去，对方也不会了解你尽了多大的力，只会觉得你这么做是理所应当的。

最后，"好人"发现，没有人理解自己，没有人发自内心地感激自己，渐渐身心俱疲，充满了愧疚感。

"好人"要想摆脱愧疚感，就要下定决心"不做让自己不快的事情"，完全不要去想拒绝后对方会是什么心情。只要自己感到"不快"就拒绝，表示"不行"，最后就会理解自己："啊！我渐渐明白了自己的内心感受！"

过去只知道顾及他人的感受，而忽视了自己的"快乐"感受，现在开始感受自己"快乐"的心情，就会涌现出干劲，敢于尝试："啊！我想挑战这个！"试过以后就会发现："啊！他人对我的好感提升了！"

于是，如果感到"不快"就直接拒绝："不行！"对方也会痛痛快快接受。或者就算迫于无奈答应帮忙，也能感到"对方是真心实意地感激，我的苦心终于得到了回报"。和以往完全不同，现在你会发现人生如此美好！

**感到"不快"的时候直接"拒绝"，这样一来，就会越来越了解自己的感受。**顾及他人感受，只关注他人的"快乐—不快"，对动物来说这就是"不快"。

继续做这种令自己不快的事情，就会对自己的感受麻木不仁，越发不了解自己，无法像其他人一样按照自己的"快乐—

不快"生活，愧疚感就会越来越强烈，感到没有被当成平等的人对待。

要想改变这种情况，首先要下定决心断然拒绝他人，不做任何让自己不快的事情，才能不被人当成机器，才能让别人把自己当成平等的人类，过上像其他人一样美好的生活。

## 过于在意他人的感受，会导致"快乐—不快"的开关故障

有人表示："我就算回到家也会净想些不开心的事，怎么也睡不着！"

于是这个人开始进行自我反省，变得无比苦恼。

"我是不是跟那个人多嘴了？"

"是不是不那么做比较好呢？"

"我是不是被那个人讨厌了？"

然后，内心充斥着负面情绪，为了排解压力，开始疯狂吃薯片。为了摆脱负面情绪，一头扎进了网络视频中，看到天亮。

就算想着必须要早点睡觉，也会因为种种烦恼而无法入眠。然后，早上一副没睡醒的样子，浑浑噩噩地赶去上班。

但是，一到了工作场所，又会因为考虑别人的感受而不断自寻烦恼。其他人似乎一点也不忧心，只有自己满心烦恼，感觉永远也无法从中解脱。

顾及周围人的感受就意味着是在按照他人的"快乐—不快"开关行动。此时，就会产生"基本归因错误"（Fundamental Attribution Error）。

人本来应当按照"快乐—不快"开关行动，但是"快乐—不快"的开关只有本人知晓。因此，如果第三者去推测他人的"快乐—不快"，就会发生"根本性错误"。

聊天的时候如果打哈欠，只是说明这个人困了。但是误解"对方认为我说的话很无聊"，所以才会打哈欠，只是在自寻烦恼罢了。

如果有人满脸愁容，真实原因是"肚子疼"，表情才这么痛苦。但是有人误以为"对方对我的工作不满意所以才会摆出那种表情"，真是大错特错。

就是因为这些误解，"好人"才会觉得"我明明这么努力，为什么还会这样"。

对方"快乐—不快"的原因，只有他本人最清楚，而"好人"擅自猜测只会引发误解，徒增烦恼。尽管"好人"误解了对方，也仍然相信"我明白对方的感受"，所以才会自寻烦恼，想要按照自己的方式寻求解决方法："应该怎么做才能消除对方的不快呢？"但是，因为一开始就搞错了事情的缘由，所以就算采取对策，对方也只会感到莫名其妙。

如果对方继续做出和自己预想不同的反应，"好人"就会不断臆想缘由，然后继续引起误解，由此陷入夜不能寐的状态，烦恼永远也不会消失。

**那些顾及他人感受而痛苦不堪的人应该做的是，认识到自己并不理解他人的感受，且不再试图揣测他人的感受。**

就算看到对方一脸不快，也要想着"不知道那个人是不是不高兴"，不要再去随意猜测他人的感受。"好人"连自己"快乐—不快"的开关都不了解，又怎么能够知道他人的"快乐—不快"呢？比起他人的感受，应该优先关注自己的"快乐—不快"开关。

我们要明白，猜测他人感受时会想太多，把事情搞得复杂起来，最好什么都不去想。这样一来，烦恼就会逐渐消失，我们就能把原本用来烦恼的时间用在自己身上，有效地利用时间。

"好人"为了消除烦恼而采取的错误举动，不过是在浪费时间而已。当所有的烦恼消失,我们就能把时间用在自己真正想做的事情上。

这样,我们就不会再被卷入人际关系的纠纷之中,就能够感受到从烦恼中得到解放的自由人生。

## 你会感到压力,是因为配合他人的"快乐—不快"开关

如果过于在意他人,自身就会产生压力。

"好人"无论身处何地,总是会顾及他人的感受,所以压力就会增大,大脑就会不断放电。

大脑因为压力而放电,就会生出一种万能感,即自己无所不知,无所不能。

这种万能感越强烈,就越发坚信"自己理解对方的感受",然后随意揣测对方的感受,引起误解,结果只是自寻烦恼。

由于烦恼带来的压力增大,大脑又会继续放电……陷入这样的恶性循环中。

扮演"好人",大脑放电时,还会引起另一个有趣的现象。比如,"好人"一旦外出,就会经常陷入麻烦之中。人有个特

点,就是待在紧张的人身旁,自己也会跟着紧张。当然,有些人不受影响,但是对于受到影响的人来说,只是待在紧张的人身边,就会感到自己也跟着紧张了起来。这和镜像神经元(Mirror Neuron)这一脑细胞有关,镜像神经元可以模仿他人的大脑。

"好人"没有启动自己"快乐—不快"的开关,在生活中总是考虑他人的感受。这样一来,大脑在压力之下会不断放电。

就像从不见"好人"生气一样,"好人"当然也看不出自己的大脑因压力而放电。

但实际上,"好人"的大脑由于压力而不断放电,受此影响,"好人"的行为举止也会变得异常,身边就会聚集和自己一样行为异常的人,因而感慨"为什么我周围净是些怪人呢?"

如果有人即使有压力大脑也不会放电,那么周围的人也就不会受到影响。但是一旦靠近大脑放电的"好人",就会在不知不觉中受到影响,变得异常急躁!

而且,同样放电的人就会被"好人"放电的大脑所吸引,所以"好人"身边总是聚集一群让人困扰的人。受到这些人的影响,"好人"压力增大,大脑放电更加频繁,从而形成恶性循环。

"好人"容易在电车和餐厅等地被陌生人纠缠,卷入纠纷之中。然后"好人"就会猜想:"为什么那个人要纠缠自己?"引发误解,产生烦恼,压力增大。"好人"外出的时候总是会遇到这种情况。

不考虑他人的感受,试着按照自己的"快乐—不快"行动,就会发现在外面不再遇到倒霉事了!为此,"好人"可能还会略微有点遗憾。

**不做让自己不快的事情,做让自己快乐的事情。**

只要这样,大脑就不会再因压力而放电,其他由于压力而大脑放电的人也不会再靠近。

尝试这样生活,就能充分享受外出的乐趣。

## "好人"不懂善用体贴

"好人"能够站在对方的立场和角度,对事物进行思考判断。

"好人"就是一旦想到自己在对方的处境下会感到为难,就会主动伸出援助之手的人。而**体贴则是发自内心地相信对方**

的能力并守护对方。例如,孩子跑步摔倒的时候。"好人"会站在孩子的立场上,想象孩子"应该很痛吧""在大家面前摔倒肯定觉得很丢人",并觉得"自己必须做点什么"。于是急忙赶到孩子身边,把孩子扶起,问:"没事吧?痛不痛?"

体贴的人看到孩子摔倒,确定情况不严重后,相信"这个孩子自己可以站起来",并默默守在一旁,等到孩子站起来走到自己身边时,再紧紧抱住孩子。

也许很多人都会认为"好人"非常体贴。但是"好人"所做的事情实际上是在剥夺对方"快乐—不快"的感受。

孩子摔倒时,先感到"不快",然后感受到"靠自己站起来"的"快乐",体会到了和大家相同的感受。也就是说,正是因为摔倒带来的不快,才会使人感受到跑步不摔倒的"快乐",并在生活中追求这一"快乐"感受。

但是,"好人"却擅自揣测孩子的感受,主动帮助孩子站起来,孩子也就不能亲身感受到自己站起来的快乐。这样,也就剥夺了孩子体会"跑步不摔倒"这一快乐的感受。孩子下一次摔倒的时候,就不会想着靠自己站起来,只会"哇哇"大哭,等着别人过来帮自己,因为孩子已经不能自主选择"快乐"了。

但是,"好人"一直以来就是按照他人的"快乐—不快"开关行动,所以他们并不知道,孩子不能自主选择"快乐"本身是一件多么糟糕的事情。

如果不能自主选择自己的"快乐—不快",那么就永远无法理解自己的感受。只能依赖他人的感受来生活,事事被他人的感受左右,逐渐失去自信,进而更加依赖他人的感受,永远无法活出自己的人生。

相反,如果能够启动自己的"快乐—不快"开关,那么即使遇到有困难的人,也能"体贴"以待。

因为只有通过"快乐—不快"的开关,感受到摔倒的"不快",才会自己站起来寻求"快乐"而到处奔跑。所以自己也会从心底相信,这个孩子也一定可以靠自己站起来。

**"体贴"中没有丝毫犹豫,是因为进行"快乐—不快"的选择非常简单。**自己可以轻松做出"快乐—不快"的选择,所以相信对方也能够做得到。

然后,借助镜像神经元的力量,模仿相信自己的人的大脑,跌倒的孩子可以站起来,体会到凭借自己的力量继续奔跑的"快乐"。

"好人"站在对方的立场上猜想,会产生误解,所以很难"单纯地相信对方",而这一点会传达给对方,使对方也无法相信自己的力量。

所谓"体贴",是指人们可以启动自己的"快乐—不快"开关并相信对方的能力。

如果"好人"可以启动自己的"快乐—不快"开关生活,在与他人相处时就会变得更加从容,通过体贴的力量就能够和对方打成一片。

## 摆脱父母的"快乐—不快"开关

至今为止,我在咨询过程中见过了太多的"好人"。他们中的大多数,小时候都曾目睹母亲遭受不公待遇的情形。

母亲遭受婆婆的刁难,也为父亲的一些很过分的做法而悲伤不已,但为了养家糊口还要拼命工作。孩子本能地有一种危机感,认为如果母亲继续这样痛苦下去,一旦撑不住,自己也无法生存。因此,看到在痛苦中挣扎的母亲,孩子就会站在母亲的角度思考事情。

但孩子这样做并不会使母亲感到轻松,孩子看到母亲的

"不快"增加，"母亲心灰意冷了""母亲越来越痛苦"，就更加无法停止揣测母亲的心情。

如果"好人"母亲之后变得幸福，那孩子也就不需要继续当"好人"了。

但是如果孩子一直见到的都是在不幸生活中痛苦挣扎的母亲，内心就会一直抱有"必须拯救母亲"的念头。

更有甚者，在看到各种不幸和焦虑的人时，就会把他们的身影和母亲重叠，产生"一定要帮他们"的想法，开始扮演"好人"。

孩童时期抱有的"不救母亲我也会死"的恐惧感以及"无法拯救母亲（使母亲变得幸福）"的罪恶感都在促使他们成为"好人"。

他们并不是在勉强自己当"好人"，而是作为一名曾经在生死线上徘徊的幸存者，主动去当"好人"。

按理说，孩子本应在母亲的保护下成长。但是，由于"好人"的"必须保护母亲"这一想法根深蒂固，他们一直关注着母亲的"快乐—不快"开关，忽视了自己的"快乐—不快"开关。这样一来，大脑就会因为压力过大而不断放电。

大脑放电的话，就会产生无所不知的万能感，自认为自己理解母亲的心情、自己一定能够拯救母亲。

所有尝试统统失败了，给大脑带来更大的压力，使大脑不断放电，进一步增强万能感，不断重复着这一过程。

"好人"心中充斥着必须去做的焦躁感，促使他们屡败屡战。

"好人"之所以认为"必须想办法拯救母亲"，实际上是因为自己没有得到母亲的"爱"。因此，他们觉得只要成为"好人"，母亲就会爱自己。于是，他们一切皆从母亲的角度思考并拼命努力。但是，无论再怎么努力，也没有从母亲那里得到"爱"的反馈。

如果无论怎么做都得不到母亲的爱，大脑就会由于积累的压力而放电，产生万能感。甚至产生一种错觉："如果自己成为更好的'好人'的话，也许就能得到母亲更多的爱"，从而更加在意母亲的心情。

而且，越是得不到"爱"，这种错觉就越强烈，愈发无法停止当"好人"。

为了从这种"爱"的幻想中解脱，就必须消除大脑放电现象，阻止万能感的产生。这就需要关注自己的"快乐—不快"开关，下定决心"不做令自己不快的事情"，果断拒绝他人。

大脑放电的时候，不知道自己想做什么。**只要停止做"不快"的事情，放电现象就会减弱，就会发现自己真正想做的事情。**

结果就是，大脑放电现象减弱，万能感也随之消失。于是，就可以把母亲看作一个普通的女性并认清现实：母亲心中没有爱。就会明白母亲和自己一样，都是缺爱之人。一旦从"万能感"中解放，就能看清人类的本质，就没有必要当"好人"了。

**因为大家都一样。**

当不再钻牛角尖，不再认为只有当"好人"才会被爱，开始尝试按照自己的"快乐—不快"开关生活，就会明白"大家和自己一样"。于是，像过去那样，融不进人际圈子的感觉消失了。一想到"大家和我一样"，慢慢地和周围人在一起就会感到安心，获得"归属感"。

过去，无论再怎么努力做"好人"也无法得到的"归属感"，现在自然而然就得到了，并且可以按照自己的想法自由自在地生活。

越是活出自我,越能感受到被爱,细细品味这份喜悦,就能逐渐摆脱"好人",回归真实的自己。

## 幸福要以自己的感受为中心

一说到以自己为中心的人,可能会给人一种"旁若无人""自私任性""不顾他人感受"的印象。

其实,**以自己为中心的人是按照自己的"快乐—不快"开关行动。**

大多数人把以自己为中心误认为是利用他人满足自己利益的利己主义。所谓的"以自己为中心生活",就是灵活启动自己的"快乐—不快"开关,选择自己的"快乐"时,就会自动和周围人形成双赢的关系。选择"快乐"时,"自己的幸福"会自动变为"大家的幸福"。

那么,选择"快乐"就会产生一种良性循环,即自己越幸福,周围的人也会越幸福。这是寻求他人的幸福时,体会不到的感觉。

为了寻求他人的幸福而当"好人"的话，自己就会越来越不幸福，周围人也不会变得幸福。明知如此还是无法停止当"好人"，这都要归咎于自己对"爱"的幻想。

由于压力而放电的大脑产生了万能感，而越是得不到"爱"，压力就会越大，因此，受万能感影响，只能继续追求对爱的幻想。

以自己为中心，按照自己的"快乐—不快"生活，就能从这种万能感中解放出来。

因此，就会形成一种良性循环：自己获得了真正意义上的"归属感"，自己的幸福会传递给大家，大家也都能获得幸福。这就是为什么明明是以自己为中心却受人欢迎的原因。

另一方面，为他人谋求幸福时，不可避免会产生误会，烦恼就会不断增加而令人疲惫不堪，最后幸福就会变得遥不可及。没有人会靠近不幸福的人，于是"好人"就会变得"不受欢迎"。

"好人"只是一种心理暗示，让人们在行动时自动考虑他人的感受。而且无论再怎么扮演"好人"也得不到任何回报，人们就会被禁锢在幻想的世界里。

舍弃必须当"好人"这一固有观念，摆脱"好人"一词所包含的心理暗示，就能够按照自己的"快乐—不快"简单生活。

语言是具有魔力的。

比如，有人在孩童时期，经常听到父母对自己说"你是个'好人'"。那个人被这么一说，就算本来不想成为"好人"，也被迫成了"好人"，无法停止考虑他人的感受。之所以会这样，是因为"好人"这个词本身就是具有暗示性、诱导性的词语。

父母在孩子的脑中施加"好人"的心理暗示，也许对父母来说，这么做是有利的。结果，孩子如父母所愿成了一个"好人"，在孩子长大成人之后，就算抱怨父母，也还是会照顾他们。因为父母也会成为顾及孩子感受的"好人"，所以无法选择自己的"快乐—不快"，就会扭曲对孩子的爱。

与其放弃当"好人"，不如选择自己的"快乐—不快"，慢慢舍弃承载多年的"好人"信念，实现自由自在的生活。

# 第3章

# 摆脱『万能感』

## 责备自己没当"好人"

学校老师激情饱满地授课之后，总会问"谁有问题吗？"学生们会瞬间安静，没有人接话。

越是这种时候，你可能就越是觉得自己必须提点问题，于是自告奋勇提问，但是提问总是不得要领，只会问些简单的问题，比如"这是什么意思"。

老师虽然没说，但是一脸"这么简单的问题还用问"的表情，而周围的同学们也一脸不耐烦："我们都想早点下课，你问什么问啊！"

自己主动当"好人"，却被大家讨厌。**尝过这种滋味之后，自己下定决心绝对不要再做"好人"，然而不久后，又会忍不住主动去当"好人"**。想着谁都不做，那就只能自己去做，然后举起手说："我有问题。"如果有人遇到困难，自己就会觉得"只有我会帮他"，然后上前搭话问道："没事吧？"

因为"好人"认为这件事"非我不可"，"好人"才会抱着"我必须做些什么"的想法去行动。反过来说，"好人"认为其他人都不是"好人"。

在鸦雀无声的教室里,"好人"觉得"只有我能够理解老师的心情"。看到他人一脸难过的样子,也会觉得"只有我才能理解这个人的心情"。

**主动成为"好人"的人,可能无法想象周围人和自己一样都是"好人"。**

实际上,如果自己不做"好人",不提问,课程就要在没人提问的情况下结束。如果自己不做"好人",不闻不问,难过的人也不会有人关心。因此,自己会主动当"好人"。

"好人"如果没有及时帮忙,事后就会产生罪恶感:

"为什么当时没有举手提问呢?"

"为什么在那个人陷入困境的时候,我没有伸出援助之手呢?"

最明显的例子是,在电车上坐着的时候,看到一位上了年纪的女士站在自己面前,自己会想"给她让座,把她当成老奶奶对待,会不会很失礼"。结果在自己胡思乱想的时候,旁边的人已经让了座。

然后,"好人"就会自责:"为什么我没有马上让座呢?"

那之后,每次回想起来就会反省"为什么我当时没有马上让座",并因此心存愧疚,于是决定下一次一定要马上让座,率先做好事。

就是如此!"好人"如果不及时主动做"好事",事后就会充满愧疚感。为了不让自己产生愧疚感,"好人"才会主动做"好事"。

比起上课时向老师提问招来同学的白眼,没有提问的愧疚感更令人难受,所以还是决定做个"好人"向老师提问。

拼尽全力帮助有困难的人也得不到任何回报。但比起这种好心没好报的憋屈感,内心的愧疚感更令人痛苦,所以才会选择成为"好人",主动帮助他人。

## "可怜"是一个需要警惕的词

"好人"并不总是在当"好人"。只有出现触发条件时,才会变身为"好人",觉得必须为对方做点什么。这一触发条件就是觉得对方"可怜"。一旦产生这种想法,就会不可避免地成为"好人"。

比如,上司背地里批评同事:"那家伙没有一点工作能力!"

这时,"好人"知道同事工作一直很努力,所以就会觉得同事完全得不到上司的理解,太可怜了!然后"可怜"这一触发条件就被激活。

于是,"好人"对上司说:"那家伙非常努力!请您多加了解这一点!"

上司生气道:"你难道不知道和其他人相比,那家伙工作能力有多差吗?!"因此对同事的印象更差了。

但是,当"好人"认定同事"很可怜"时,就会含泪对上司诉说:"那家伙真的很努力啊!"充分发挥着"好人"的特色,觉得"只要那家伙能得到认可,我怎样也无所谓"。

"好人"就像电影导演一样,将同事努力拼搏的身影编成故事。故事情节就是,恶霸一样的上司竟然无视同事的努力,同事十分"可怜"。于是"好人"越发觉得自己必须要为同事做点什么!实际上,同事真的没有一点工作能力,也完不成上司交代的任务。即便事实如此,"好人"由于先入为主的观念,也无法看清现实。

一个人看到母亲衣服破旧,脸上未施粉黛,就觉得母亲缺钱、过得不好,激活了"可怜"这一触发条件。然后,变身为"好人",把自己的积蓄交给母亲。

后来发现，母亲把收到的钱全部都偷偷给了自己长期不工作、整天不务正业的兄弟，使这个人大受打击，不能理解这是为什么！这个人就像电影导演一样，在头脑中杜撰了"母亲缺钱过得不好"这一故事情节，对"母亲一直以来都很辛苦，没有人温柔待她"这一虚构的故事深信不疑，觉得母亲非常"可怜"。

实际上，母亲就是喜欢多管闲事，把钱分给他人。确实，这或许可以称得上是"可怜"。但是和这个人以为的"可怜"不一样。

**一旦成为"好人"，无论看到什么人，都会下意识地在脑中杜撰出这个人的故事情节，并因为故事中的"可怜"情节而帮助对方。**

如果无法和对方产生感情共鸣，就杜撰不出对方"可怜"的情节，因此就会忽视对方："咦？对这个人，不当'好人'也没关系。"因为无法和对方产生感情共鸣而忽视对方，也就无法和对方建立深厚的关系。

但是，如果对方本来就是一个踏实可靠的人，那么"和这个人在一起，我也会近朱者赤"。

但"好人"完全忽视了这些对自己有帮助的人，只对"困难""痛苦"的人产生情感共鸣因而去帮助他们，结果周围只剩下麻烦缠身的人。

于是，围绕在"好人"身边的就净是些无用之人，从其他角度来看，这也算是一种不幸的人生。

在周围人看来，会认为那个人因为想要扮演"好人"，所以才总是会发现遇到困难的人。还会被人误解成"那个人想要得到他人关注，才会寻找可怜之人"。

"不需要帮助的人"由于被"好人"忽视，也会产生一种误解，觉得"好人"对他毫不关心。但实际上，并非如此。"好人"对他人的面部表情和行为举止十分敏感，并从中杜撰出关于对方的悲惨剧本，在"可怜"这一触发条件的作用下，不可避免地成为"好人"。

## 当"好人"是培养不出自我肯定感的

我小时候曾下定决心不要顾及他人的感受，但一到学校，不知不觉中就会激活"可怜"这一触发条件，回过头来发现我已经在扮演"好人"了。

从不扮演"好人"的同学天天欺凌扮演"好人"的我,我因此每天都很痛苦。

当"好人"太痛苦,就会产生"不想再顾及他人感受"的想法。而一旦与人交往,觉得他人实在很可怜,自己还是会忍不住当"好人"。

我一直觉得,正因为我是个胆小鬼,不想被人讨厌,所以才会成为"好人"。

确实,我不想被人讨厌的心情很强烈。但是走在路上看到他人遇到困难,就会觉得"那个人一脸困扰,好可怜",这和"胆小鬼"以及"不想被人讨厌"的想法无关。

实际上,我并非"胆小鬼",而是个"强者",因为我在意是否能为有困难的人做点什么。

也就是说,是否因为我平时是个胆怯且一无是处的人,所以才想通过帮助有困难的人让自己沉浸在优越感当中呢?

但是,"好人"被人感谢,就会不知所措。做了"好事"被人感谢,就会感到难为情而脸红,所以说这根本就不是优越感!相反,不如说是这样一种感觉:**因为我本身毫无价值,所以必须成为一个"好人",才能对他人起到一点微不足道的**

作用。

成为"好人"的人，无论多么擅长学习，无论毕业学校多么优秀，由于自我肯定感很低，都只会认为"我一无是处"。

无论工作能力有多强，无论公司多认可自己，如果自我肯定感很低的话，本人就会打从心底产生一种"无力感"，认为"我一无是处"，这并非是在谦虚。

无论是被人褒奖还是加薪，由于自我肯定感很低，"好人"都只会觉得周围的人并不了解真正的自己，又觉得自己不值得被表扬，也不配得到那么高的薪水。

总之，一般人会认为"工作表现优异，自我肯定感提高"或"工资上涨，自我肯定感提高"，虽然这些事情全都是幻想，但自我肯定感低下的人绝不会这么想，他们的自我肯定感也不会因为这些事情而提高。

如果是这样，就无法断言"好人"是为了提高自我肯定感，才主动当"好人"。

不过，做"好事"的瞬间，自我肯定感绝对不低。因为，**觉得对方"可怜"这一想法本身，其实就是觉得"我比对方强，可以用高高在上的态度俯视对方"。**

但是，帮助对方做了"好事"之后，就会立刻后悔，"啊！

我不该那么做！""为什么不能做得更好呢？"自我肯定感会回到原来的低下状态。

有时，当"好人"是为了寻求做好事那一瞬间高涨的自我肯定感，但还有其他原因。

那是因为"好人"在孩童时期自我肯定感就很低。

"好人"在孩童时期都有过"可怜"的处境。但是，那个时候没有人真正理解"好人"的感受，也没有人对他们伸出援助之手。

而且，可怜的"好人"被人置之不理，因而自我肯定感降低，认为"自己并不被重视""自己毫无价值"。

这样的"好人"在遇到困难的人身上看到了过去"可怜"的自己，并试图帮助过去的自己，也就是帮助遇到困难的人。

"好人"之所以能够从他人身上发现"可怜"的故事情节，是因为"好人"过去体验过不被人理解的经历。因此，看到一脸困扰的人，就很容易为其编写"可怜"的故事情节。

**"好人"将过去的自己投射在各种各样的人身上，是为了试图"拯救过去的自己"。**

然而，无论再怎么帮助他人，过去的自己也得不到帮助。即便如此，自己也无法放弃成为一个"好人"。

## "好人"想拯救的是过去的自己

"好人"待人亲切,即使瞬间获得满足感,但紧接着马上又会感到后悔不安,不知所措,充满怒气。

被人问路时,"好人"会认真告诉对方该怎么走,甚至担心对方听不懂,非要自己带路才放心。如果只是告诉对方该怎么走,然后分开的话,肯定会后悔:"啊!要是给对方带路就好了,怎么就没有这么做呢!"

但是,就算自己把对方带到目的地,对方也只是轻轻地说了声"谢谢"就离开了,"好人"又会多想:"我是不是多管闲事了?""好人"还会胡思乱想:"对方是不是并不希望我给他带路?"之后也会一直回想这件事。

为什么明明做了"好事"却不快乐,反而充满了后悔呢?这是因为,即使做了"好事",也没有得到自己想要的结果,就会产生压力。

说到想要的结果,很多人可能觉得是指为对方带路之后对方会无比感激自己,郑重地向自己道谢。这种情况也有可能发生,但实际上"好人"真正想要的是能够帮助小时候的自己。

"好人"希望通过扮演"好人"帮助别人，来拯救过去的自己。

"好人"对自己的行为完全没有自觉，更无法意识到，所做的一切都是为了拯救过去可怜的自己。

虽然"好人"没有自觉，但是越是为他人做好事，越会清醒地意识到过去可怜的自己得不到任何人的帮助，只能自生自灭。因此"好人"就会感到愤怒："为什么没有人来救我！"

但"好人"并没有意识到这份涌上心头的感情就是"愤怒"。"好人"用不安、后悔来解释这份感情，就会想"早知道就不多管闲事了""早知道就直接给对方带路了"。然后，像这样变得不安和后悔，进行自我反省，责备自己，大脑又会充满愤怒。

明明原本在生气"为什么没有人来拯救可怜的自己"，如今又会自责，产生新的怒气——"为什么要责备可怜的自己"？因为"好人"并没有意识到这份愤怒，所以怒气无法发散，愤怒值就会不断上涨引起大脑放电。

当大脑由于愤怒而放电时，大脑的神经活动会因电流变得异常活跃，大脑控制的各种感觉也会变得更加敏锐。

因为愤怒，大脑放电使得各种感觉变得敏锐，这就会导致一种错觉，即"我知道他人不知道的东西""我能做到他人做不到的事情""我看得到他人看不见的未来"。

这种"我能做到他人做不到的事情、我知道他人不知道的东西、我看得到他人看不见的未来"的感觉，并不是自我肯定感，而是万能感。

从某种意义上来说，"好人"感觉自己拥有万能感，就会产生一种错觉，认为自己像神一样，深信"我无所不能"！

也许有人会觉得不可能会产生这种错觉。但"好人"常常认为自己应当对他人的情绪和不幸负有责任，觉得"都怪我，那个人才会伤心""都怪我，那个人才会遭遇不幸"，这其实都是万能感造成的。

在电车上和一名女性四目相对时，她突然扭过脸去，你就会认为"我也许使对方感到不快了"，这也是万能感引起的。

"好人"产生的自责和罪恶感，都是错的。这都是源自万能感，即"我必须控制一切"。

## 不要试图控制万能感

"好人"从没想到自己会有万能感。

但是,"好人"之所以在意周围人的感受,是因为他们认为"我必须控制周围人的感觉"。

如果"好人"知道一个人的感情是属于他自己的东西,其他人是无法控制的,他就会明白,其他人的喜怒哀乐都和自己无关。

然而,"好人"会对他人的情绪格外敏感,比如注意到他人的不高兴、看出他人情绪低落。

然后,"好人"会变得不安,进而产生万能感,觉得自己"必须为对方做点什么"。

进一步来说,当觉得"我理解他人的感受"时,"好人"就已经是万能感的俘虏了。

"好人"认为自己可以从他人的感情、行为、语言以及声调中"准确把握对方的情绪"。认为"**我能够准确把握他人的情绪**"的想法本身,就是源自万能感的错觉。

"好人"从外表就能判断他人的情绪,认为"这个人是这么想的"并深信不疑,这是证明拥有万能感的最有力证据。

大脑如果保持冷静,就会明白"连我自己的感情都无法控制和把握,更难以判断他人的感情了"。

所以,如果不过分解读他人的情绪,或者即使设想对方的各种"可能"而没有万能感作祟的话,就不会断定"那个人一定在生气"。

"好人"如果读了前面这些话,就会觉得"我老是误解他人,还擅自断定他人的情绪,真是狂妄自大",从而产生不快。"好人"过去对他人的所有好心和善意都被否定,他可能就会感到愤怒。

这种"被责备""被否定"的感觉本身就是万能感的产物,万能感是大脑在"没有人帮助我"的压力之下放电而导致感官敏锐所产生的。

**万能感是由大脑中积累的压力产生的一种感觉,自己无法控制。**而且,现在所感受到的"只有我被万能感迷惑,真是太不像话了"这种感觉本身,也是在"无人帮助我"的压力之下,大脑放电所产生的错觉。

冷静观察周围就会发现"大家都被万能感所迷惑,并不是只有我",从而就能摆脱万能感。而且能够明白,万能感是由造成大脑放电的压力所导致的,所以万能感本身是无法控制的。

"没有人帮助我",那就意味着"一切只能靠自己"。万能感是"求助无门"的孩子为了挣扎着活下去的本能产物,无法控制。也可以说,"好人"多亏了万能感才能够活到现在,就算陷入孤立无助的状态,也不会崩溃,可以继续努力下去。

然而,当万能感不是用于自身,而是扩展应用到其他人身上时,自己就会变为"好人"。

而且,越是当"好人"就越感到"谁都不理解我,没有人能够拯救我",万能感进而变得越发强烈,自己也无法放弃当"好人",就这样形成恶性循环。

## 承认万能感

"好人"之所以会产生万能感,是因为压力太大,使得大脑放电。那么,只要不给大脑施加压力,自己就能不自责、不反省。但是,"好人"反而会责备不自责、不反省的自己,并试图控制自己,最后就会形成压力。

这时，我们就需要使用"承认万能感"这一方法。

正如本书前面所写，人类具备恒定性机能，可以将一切"保持平衡"。每当有积极的想法时，就一定会产生消极的想法，以便保持平衡。

"好人"越是当"好人"，在恒定性作用下，为了保持平衡，就会产生越多的万能感。越是谦逊地当"好人"，万能感越会悄悄滋长来中和它。

但是，想要消除包含傲慢在内的万能感，自己就会更加谦逊。于是，恒定性将会发挥作用，在不知不觉中增加万能感。

如果我们尝试承认万能感，就会认为傲慢本身也是一种平衡，万能感自然也就不再增加。

有一名女性在和朋友聊天的过程中，知道朋友工作不顺利，就觉得这个朋友很可怜，"明明尽了最大努力却还是工作不顺"，如果是平时的话，她就会认真思考"我能为对方做些什么"，然后给朋友提建议，在力所能及的范围内帮助对方。

但是，正如前面所说的那样，认为他人"可怜"这一想法本身就是万能感的产物。

她明白了这一点，知道自己不该觉得朋友"可怜"，也不能向对方伸出援手。只是听朋友诉说烦恼，什么也不做，这让她变得很痛苦。总觉得朋友是在请求自己做些什么，感觉如果拒绝对方，自己就好像成了一个"坏人"。

这个时候，自己就会焦虑，感到"必须为对方做些什么"，试着在内心默念"承认万能感"。于是，焦躁不安的情绪就会平静下来，能够认真倾听朋友的心事。

**默念"承认万能感"之前，她看起来像是在听朋友说话，但其实根本没有在听。她光顾着思考，"怎么帮忙才好呢""这个人想要我怎么做呢"**。但是，在默念"承认万能感"之后，她能够认真倾听朋友的话并看清现实，"对方为什么觉得我必须帮忙呢"。

她开始明白，以前当"好人"的时候，由于万能感，她并没有意识到朋友和自己一样，拥有自己的感情。

当心中"承认万能感"之后，就能从万能感中解放出来，就会明白朋友和自己一样，完全不需要别人的帮助。只要认真倾听对方说话，尊重对方，对方完全能靠自己的力量跨越难关。

还有一名女性，她在职场中工作能力不强，总是给大家添麻烦。她感觉上司总是对自己不满，周围的同事们也感到无可奈何。

因此，为了不给他人添麻烦，她加倍努力工作。结果还是重复犯同样的错误。她怎么也做不好。

她后来明白是万能感让她觉得，"我给大家添了麻烦""我理解他人的感受"，开始尝试"承认万能感"。于是，总是责备自己不行的她，发现事实并非如此。

她意识到，"我或许冒冒失失，但也是公司的开心果，能够安慰到其他人"。

她心里清楚"我就算被开除也是应该的"，所以工作总是提心吊胆的。但现在她想开了，觉得"只要还能留在公司就好"。

过去，她虽然"工作能力不强"，还去帮助他人工作。现在她终于明白根本没有必要这么做。

她在心中默念"承认万能感"，就只专心处理自己的工作，只做自己想做的事情。

这名女性之前一直觉得工作做不好是因为自己能力不行，但是现在她终于明白："我之所以会失败是因为承担了太多大家不想做的工作和负面情绪，是压力太大导致的！"

当她默念"承认万能感"之后,大家慢慢地就靠近她,听她的话并帮助她完成工作。

## 不要随意猜测对方的感受

只要有意识地关注自己是否在扮演"好人",就能停止下意识扮演"好人"的行为,从而变得轻松。

但问题是,"好人"的所作所为都是下意识采取的行动。就像习惯一样,不知不觉间就会扮演"好人",然后卷入他人的麻烦之中。

下面,我列举了一些当"好人"的迹象。

最容易明白的是,"顾及他人的时候",就代表自己一定是在当"好人"。**要说怎样才能知道自己是不是在顾及他人,那就要看自己是否在猜测对方的感受**,"啊,这个人正在生气"。一旦开始猜测对方的感受,就表示自己已经处于"关心对方"的状态,已经开始成了"好人"。

令人费解的是,"当焦虑不安的时候"也代表自己是在当"好人"。人之所以会焦虑是因为顾及周围人的感受,才会变得焦虑。在这种时候,自己一定是在当"好人"。一旦注意到自己正在焦虑，就要想道："啊！自己正在做'好人'！"

**紧张的时候**，也很有可能是因为自己在当"好人"。紧张多是因为在意他人的眼光，而在意他人的眼光本身就代表在意对方的感受。

所以，只要自己明白，"之所以会紧张是因为做了'好人'的缘故"时，就可以摆脱"好人"的束缚。

一旦注意到自己成了"好人"，不需要过多在意，就会自然而然停止当"好人"。

当意识到自己"在担心那个人"的时候，就代表着自己在下意识地顾及对方的感受。因此"担心""可怜"这种想法就是注意到自己正在做"好人"的关键点。

另外，在"好人"的言行中，经常会出现"对不起"和"**抱歉**"等字眼。一旦发现自己说"对不起"，就要注意"我在做'好人'"，就会自动摆脱"好人"的角色。

当自己的眼神到处乱瞟、飘忽不定时，也代表着自己正在当"好人"。当自己眼神到处乱瞟的时候，肯定就是在寻找做"好人"的机会。因此，当发现自己眼神飘忽不定时，就要注意**"我正在寻找当'好人'的机会"**。

不过，没有必要改变"好人"的想法和言行。

只要意识到，"顾及对方的感受""担心""焦虑""紧张""对不起""飘忽不定的眼神"都是自己在当"好人"的迹象。

只有注意到"啊！我在做'好人'"，就能摆脱"好人"的角色，也会慢慢变得自由。然后，周围的人也会随之改变。

## 就算不当"好人"，也不会被孤立

虽然"必须当'好人'"是一种固有观念，但是"好人"之所以会这样想，是因为他们认为"如果我不当'好人'，大家就会离我而去"。

之所以会有当"好人"就不会被人抛弃的想法，主要有两个原因。

第一个原因是，越是当"好人"，在恒定性的作用下，自己就越会成为一个"充满万能感的傲慢之人"。虽然表面上看起来是个"好人"，实际上内心充满了傲慢。自己担心如果别人知道了这一点就会离开自己。

一旦害怕"傲慢的人会被他人讨厌轻视"，就会进一步陷入必须成为"好人"的束缚中。

第二个原因是"人际关系恒定性"。

在恒定性的作用下,当人积极地思考时,就一定会产生消极思想来"保持平衡"。

人际关系中也是如此,一个集体中如果有"好人",在恒定性机能作用下,就一定会出现"坏人"。因此,只要有"好人",就一定会出现"坏人",而"好人"一定不会被坏人所接受。一旦成为"好人",就会时刻担心,大家会离开自己。"那个人不接纳我",这一被人拒绝的部分就会被无限放大。所以,就会觉得必须成为更好的"好人",才会被对方接纳,并坚持必须成为"好人"。

但是,一旦自己放弃当"好人",就会发现"咦?那个坏人接纳了我"。之所以会这样,是因为自己放弃当"好人",对方也就没有必要再去扮演"坏人"的角色。对方并非有意去做"坏人",而是在集体恒定性的作用下,自动扮演了"坏人"的角色。所以,如果自己不再扮演"好人"的角色,对方也会自动停止扮演"坏人"。

之所以坚持必须成为"好人",是因为自己认为,如果不当"好人"就不会被他人接纳。然而事实上正相反，放弃当"好人"反而会被大家接纳，"不被他人接纳"的想法不过是自己认为的。

我以前在一家精神病诊所工作时，曾经认为"既然我是工作人员，对待患者，就一定要当个'好人'"。

这家医院治疗因心理疾病而痛苦不堪的人们，所以我认为在这里工作的护士要像天使一样，医生要像圣人一样。

因此，我毫不怀疑并始终坚信，在这里工作的我也一定会成为一个"好人"。当我看到有人沮丧时，就会主动询问"没事吧"，如果遇到有人焦躁不安，就会主动来到对方身旁问"有什么心事吗"，并倾听对方的苦恼。任何人看了都会相信我在做正确的事情。如果患者之间发生争执，我就会进行调解。如果患者喝了酒来医院，我就会耐心询问"为什么要喝酒呢"，并倾听对方的烦恼。

因为我一直在当"好人"，所以患者就会信任和依赖我。这也是为了患者好。我对此深信不疑。但是，我越是当"好人"，患者的精神状态反而越不稳定。其他工作人员对我冷眼相待，好像在说"都怪你，患者们的状态才会变得不稳定"。

为此，我感到很孤独。

在此期间，患者们每天接二连三出状况，我耐心地处理，结果却越来越难以入眠，甚至一度产生辞职的想法，"再也干不下去了"。

但是，因为我是个"好人"，所以无法直接辞职走人，我所能做到的就是拒不加班，一到下班时间，就把一身白大褂脱下放进储物柜里，然后迅速赶到棒球打击场发泄。我每天都去棒球打击场，之前对我爱搭不理的同事也邀请我一起玩，"一起去玩吧"。

就连白天在诊所工作时，我也一直想着"今天下班后去玩点什么呢"。那个时候，突然感到很不可思议："咦？为什么一直在考虑玩的事情呢"？而且每天麻烦不断的患者们也变得稳定下来了。大家都稳定下来，没有再发生任何纠纷。

**那时，我感悟道："啊！原来是我必须做'好人'的想法，使患者们陷入不稳定的状态。"**

当我感到"抱歉"时，差点又要当"好人"了，而我每天都在考虑玩的事情，就算感到抱歉也毫不在意，觉得"算了吧"。

之后，看到有新员工进入公司，并抱着必须成为"好人"

的想法工作时，我就会猜想"嗯嗯！不知道他能坚持当'好人'到什么时候呢"，而我早已放弃当"好人"，只是用温和的目光关注着新人。

**就算不再当"好人"，我的人生也不会被任何人孤立。**

下一章将介绍该如何处理罪恶感，"不做'好人'可以吗？"

# 第4章 消除过去持有的『罪恶感』

## 不要再因为没有帮到别人而有罪恶感了

如上所述,人们出于种种原因扮演着"好人",罪恶感是主要原因之一。所谓罪恶感,就是"没能帮到痛苦之人"的内疚之情。

很多人在幼年时期,看到眼前有人受苦自己却无能为力,就会认为"都是我的错"而备受煎熬,从而产生罪恶感。当看到"遇到困难的人""痛苦不堪的人"时,这种罪恶感就会自动涌上心头,使人焦虑不安。

"好人"将过去所产生的罪恶感和眼前毫不相关的人连接在一起。如果自己不当"好人"主动帮忙,就会有种"我做了坏事"的感觉。

这种罪恶感完全是一种错觉。就像走在沙漠里,看到满是绿洲的海市蜃楼一样。人们认为"只要去到那里,就有希望消除这份干渴(罪恶感)",于是情不自禁地奔向海市蜃楼。但是,就算朝着虚无缥缈的海市蜃楼奔跑(当"好人"),也无法消除这份干渴(罪恶感),反而会愈加感到干渴(罪恶感)……形成一种恶性循环。

一名女性在小时候亲眼看见了父亲因事业失败而负债累累，陷入苦不堪言的境地。

幼小的她有心"想要帮助父亲"，于是将自己积攒的零用钱全部给了父亲，并对父亲说："爸爸拿去用吧。"

当然，她攒的零用钱远远偿还不了父亲的借款。之后每次看到为钱苦恼的父亲，**她就会产生双重罪恶感**，一重是"我没能帮上忙"，另一重是"爸爸还要为了我的吃穿用度而发愁"。

后来，这名女性长大之后说："我不想继续升学了。"出于要让父母给自己支付学费的罪恶感，她就成了一个"不想给父母增加经济负担"的"好人"。

甚至进入社会开始工作之后，只要看到有人为金钱发愁，她就会觉得"我必须为对方做些什么"。

就连她独立创业，向客户索要报酬的时候，一想到"那个人好像手头不宽裕"，就无法理直气壮地索要报酬，最后她就像父亲一样，过着为金钱发愁的生活。

幼年时期抱有的罪恶感，如果不认真处理任其发展的话，这种罪恶感就会与其他人连接在一起，自己就会被迫成为"好人"。

一名男性小时候看着母亲疾病缠身的痛苦模样,虽然自己只是个孩子,但还是抱着"想要帮助母亲"的想法无微不至地照顾母亲。

但是,由于母亲的病情没有一点好转,所以他就会产生"没能帮上忙"的罪恶感。这一罪恶感愈加严重,甚至使他产生幻觉,认为"都是因为我不是个好孩子,妈妈才会这么痛苦"。

然后他认为自己必须不断努力当个"好孩子"。然而就算这么做,母亲的身体还是每况愈下,满脸病态。

于是他更加自责,"都怪我不是个好孩子"。没能帮到母亲让他产生深深的无力感,找不到存在的意义,进而自暴自弃,"不想学习,什么都不想做"。

**无论怎么努力也帮不上忙的罪恶感,让他忍不住自责,认为都是自己的错。"就让我自生自灭吧!"** 最后过着浑浑噩噩的生活。

然而,由于无法消除的罪恶感,只要看到"遇到困难的人",就会主动帮助,成为"好人"。但是他一旦成为"好人",对方就会摇身一变,成为"穷凶极恶的坏人",而他就会受到伤害。

即使在这种时候,罪恶感还会歪曲现实,让他觉得"都怪我不好才会受到这种对待",迫使自己继续当"好人"。

## 罪恶感让你受他人支配

"好人"认为我只是在帮助有困难的人,因为谁都不做,所以只能我来做。但是,无论是本人还是周围的人都没有发觉"好人"内心深处存在的"罪恶感"。

"罪恶感"是成为"好人"的触发条件,这是父母和周围人灌输给我们的。由父母和周围人带给我们的"罪恶感",使我们被迫成为"好人",过着没有自由意志、受他人支配的人生。

我来说说一名男性的遭遇。他的同事因被上司训斥"为什么不能按照我说的去做"而心情低落。这名男性自己明明还有很多工作要忙,却开始烦恼"要不要慰问一下他呢?"

他本没有必要去帮助意志消沉的同事,而且他本身也忙得不可开交。但是如果自己不伸出援助之手,他就会生出罪恶感,"我真是太冷漠了"。

"必须完成我的工作!"于是他把同事的事情放到一边,工作完成之后,又会一直后悔"我做了坏事……",即使回到家里，这个念头也总是挥之不去。

不想在这样的痛苦中挣扎，于是在下一次同事心情低落的时候，他立马邀请同事"今天一起吃饭吧"，没想到被同事以"今天有事"为由拒绝了。

于是，他又对拒绝自己的同事感到生气："明明在担心他，居然还被拒绝！"气量狭小的自己真是令人讨厌，闷闷不乐地回到家之后还一直想着同事的事情。像这样，这个人陷入了被同事支配的状态。就像是主从关系一样，不断顾及对方并认真思考"必须要为对方做些什么"。

这名男性，不仅仅在和这位同事的关系中处于被支配地位，而且一直以来都过着被他人支配的人生。

孩童时期，他帮助被欺凌的同学，结果自己成了下一个被欺凌对象。学生时代，他看到一个遇到困难的女生就主动上前帮忙。即使知道对方不是自己喜欢的类型，他也会顺势答应和对方交往。这个女生一说"想吃好吃的"，他即使没钱也会带她去高级饭店就餐，甚至背负高额欠款。

虽然自己不想这么做，但是如果不做的话，就会感觉自己做了坏事，就这样，他的人生完全被他人支配。

一名女性也遭遇了类似的事情。

看到一个不擅长和他人交流的笨拙男性,就会觉得对方"好可怜"。轻声搭话和对方聊天,对方就会误以为她对自己抱有好感,这名女性也会满头问号:"咦?我喜欢你?"

于是就会产生一种罪恶感,担心"如果我拒绝的话,这个人就会受伤"。因此,明明她不喜欢对方,可是在对方面前也会化身为"好人",因为无法拒绝而被对方支配。

于是,她就答应了对方,倾听对方说话,为对方搭配衣服。之前不受女性理睬的这名男性开始变得受欢迎,结果看上了其他女人。

她觉得那个人被别的女人耍得团团转,自己必须帮他。即使一开始根本不喜欢那个人,还是要求他和对方分手。

这样一来,那名女性就会被认为是在"嫉妒",也好像真的喜欢上了那个男人,无法自拔。

那名女性在职场中也是个"好人",如果其他负责人被客户投诉,她就会主动处理,说"我来负责"。

明明不是自己犯的错误,但是看到同事一脸为难,她就会主动担下责任,向客户低头道歉。但是,客户的怒火并未平息。她后来才发现,原本的负责人和上司早就置身事外,只有她一个人处理。即使这样的事情反复发生,她也迟迟不辞职。之所以不辞职也是因为她担心"如果我不在的话,会给他人带来困扰"。

她也清楚这么低的工资完全配不上自己的努力。但是她完全被坏同事和坏上司所支配,不得不当"好人",无法从中解脱。

一旦陷入这种模式,就算知道"我讨厌这样的人生",只要看到有困难的人,还是会主动成为"好人"。

"好人"无法挣脱被周围人支配的人生。

## 要敢于利用他人的力量

要想放弃当"好人",可以利用他人的力量。

"好人"自然而然就会陷入一种处境,即事事都自己担,自己必须尽心帮助周围的人。

结果,自己也会不禁产生疑问:"为什么只有自己要这么努力?"但即便如此,"好人"还是会觉得"大家好可怜,自己必须做些什么"。

"好人"认为"他人可怜""必须为他人做些什么"而扮演

"好人",但是因为恒定性的存在,为了和"好人"达成平衡,周围的人就会扮演拖"好人"后腿的角色。

因此,如果"好人"利用他人的力量,就没有必要扮演"好人",会发现"大家都很厉害,不需要我的帮助"。所谓利用他人的力量,具体该怎么做才好呢?

那就是,在扮演"好人"之前,直接坦率地询问对方。如果抱有"自己必须为对方做点什么"的想法,就试着直截了当地询问对方:"你对此准备怎么办?"于是,自己就会惊讶地发现:"啊!原来对方心中早有对策!"

听到对方的回答,就会有所感触,询问对方过后就会发现:"哦!对方的力量在发挥作用!"自己能够利用对方的力量。

一名女性在家长会中扮演"好人",却感到"受不了了","因为别人总是给我分配吃力不讨好的工作"。

这个时候,她试着在心中默念:"我要借助他人的力量!"于是,就会陷入一种不可思议的状态:"咦?大脑一片空白,什么也想不出来!"

然后,她就可以坦率地问周围的家长:"咦?这个怎么做来着?"不用再把所有事都自己一个人扛。其他家长也会表示

"你太笨拙了，我来帮你吧"，主动帮助她完成工作。

她就像所谓的"天然呆"一样，回过头来才发现大家已经帮她把工作全部做好了。对此她就会感到抱歉。

但是"比起一个人努力，还是大家齐心协力更好"，大家的灿烂笑容让她无比开心。

另一位女性在职场扮演着"好人"的角色，每天都不能按时下班回家。其他人为了早点回家陪家人将工作都推给她，她也二话不说立马答应下来："好啊！"于是，她只能一个人加班把工作做完。

之后，她接二连三地又收到相关请求，还是无法拒绝。有一天她突然觉得："为什么只有我这么辛苦？！"这时，她在心中默念："我要借助他人的力量！"

然后，她就会突然觉得太累，一副支撑不住的样子，表示自己"可能是太累了"。同事就会主动担起她的工作："啊！这个工作，我来做！"

此外，一点工作也不做的上司也会说："你早点回去吧！"然后将她手头的工作全部分配给其他人，而她就可以按时下班回家。"这么早就能下班回家，真是太快乐了！"她第一次感受到了下班自由的感觉。

当然,"好人"也会感到懊悔,产生"过意不去"的罪恶感。但是试着默念"借助他人的力量",就会发现"大家都很优秀,所以没关系"。然后,将工作放心地交给他人,生活也会变得充满活力。

## 大声说"我不再当'好人'了"

"好人"的父母也同样在为当"好人"而烦恼着。从某种意义上来说,"好人"会受到来自父母的心理暗示,"因为父母无法停止当'好人',而且一直在重蹈覆辙,所以自己也无法摆脱当'好人'的束缚"。

"好人"也清楚,这一心理暗示非常强烈,很难克服。一旦憎恨让自己变成现在这样的父母,之后一定会产生罪恶感。明明如此生气,但过不久又会对父母扮演"好人"。"好人"就算尊敬自己的"好人"父母,心里还是会觉得当"好人"只会吃力不讨好!并因此厌恶走了父母老路的自己。因此,"好人"需要掌握方法,让自己舍弃从父母那里继承下来的当"好人"的习惯。

这一方法就是向自己的"好人"父母宣布，自己不再当"好人"。具体而言，就是要向父母承认"我模仿父母当了'好人'"这一事实，并向父母宣布，"从今往后要按照自己的心意生活，不再当'好人'"。

这样的话，就能从继承自父母的"好人"束缚中解放。这一束缚就是父母总是扮演"好人"而十分辛苦。虽然他们没有意识到这一点，但有时父母也会对当"好人"感到厌烦，想到"自己的孩子也会成为'好人'，一定会很辛苦吧"。

这样传递给孩子的心理暗示就是"我一定无法摆脱'好人'的束缚"，仿佛是一种诅咒。

所以，"好人"必须承认"我确实继承了父母的当'好人'的习惯"。然后宣布"我要按照自己的心意生活，不再当'好人'"，消除从父母那里得到的心理暗示，"这个孩子也一定会因当'好人'而非常辛苦吧"！

可以想象父母听了自己的话，肯定会不以为意："就算这么说，那个孩子还是会成为'好人'！"这时，孩子已经能够清楚认识到"这不过是心理暗示而已"，告诉自己不受影响就能够避免成为"好人"。然后，就可以彻底摆脱"好人"，切断这一负面连锁反应。

一名女士一当"好人",就会因为压力太大而暴饮暴食!虽然减肥瘦了一点,但马上又会反弹!她不断反复着这一过程。

而且,她在工作中也是个"好人",总是优先帮助他人完成工作,而自己的工作却毫无进展,明明比任何人都要努力,却得不到应有的回报。

她察觉到自己简直陷入了和父亲一样的境地,但她不想和父亲一样。

然而,虽然她以为自己不会成为像父亲一样的"老好人",但不知不觉中,还是和父亲一样,成了"好人",甚至就连体型也酷似父亲,她下定决心无论如何都要避免做"好人"。

于是,她休息日回到老家,对父亲说:"请您认真听我说!"

"爸爸,我从以前开始就很讨厌你一直当'老好人'。但是不知不觉中我变得和您一样,成了一个'好人'。"

父亲温柔地说:"因为你也不擅长拒绝。"她在父亲面前宣布:"我要摆脱'好人',按照自己的想法自由生活!"父亲一脸震惊,但最后也只是说:"这样啊。"

之后,如果在职场中遇到讨厌的事情,她就会回想起父亲当时的表情。这样一来,就可以轻松地拒绝他人。

而且，一想到不用再当"好人"，她感到压力也减轻了，也不用再靠吃甜食减压，不用特意减肥，体重也在迅速恢复正常。

这名女性第一次意识到，原来是因为当"好人"才使得自己压力这么大！之后每次回到老家，这名女性都会感到父亲一直在观察自己的行动。但是自从向父亲宣布之后，她有预感，自己一定会走上和父亲迥然不同的人生。

一名男性表示，他一当"好人"，就会因为压力而做不好工作。无论做什么都会被上司斥责，而上司越生气，他就越做不好工作，陷入这样的恶性循环。

起初，他完全没想到原因在于自己当了"好人"。后来，他回想起来才发现，自己过于在意周围人的感受才会产生压力，而且一直觉得上司很可怜。

他以为，如果自己觉得上司很可怜，就能顺利完成工作。但是，正是因为他觉得上司可怜，反而无法将自己的想法清楚地传达给上司，就会和上司产生意见分歧，惹怒上司，受到上司的斥责："为什么不按照我说的做！"

对方越是生气，自己就越是会感到"抱歉"和"对方可怜",越发无法将自己的想法清楚地传达给对方。

注意到这一点后,这名男性去找了自己的"好人"母亲。

然后,他下定决心向母亲承认:"我一直在模仿妈妈当'好人'!"他并不是在向母亲发泄怨气,而是在尝试承认"我模仿过母亲"这一事实。

母亲总是对父亲的蛮横态度微笑以对,只要想起这一点,这名男性就会泪眼汪汪。

然后,他认真地向母亲宣布:"我不要再当'好人'了,我要按照自己的心意生活!"

那之后,他不再害怕上司,可以和上司平等交流。他精准地判断出当"好人"是自己工作不顺的原因,不再在意上司的心情,能够坦率地表达自己的想法。

而且,当他不再在意周围人的想法后,工作做得越来越顺手,发现职场也变得很轻松!不久,他也开始积极思考跳槽的问题。

正如他宣布的一样,他不再当"好人",而是为了自己而活,不断向上迈进。

## 贴心的你不需要强颜欢笑

一旦成为"好人",就意味着必须对别人笑脸相迎。

即使被人说了难听的话,"好人"也要回以微笑,并对此感到疲惫不堪。之所以会这样是因为大脑积累了很多压力。

人们会通过面部表情表达自己的不快,向引起自己不快的人传达心中的"不快"。通过这种方式,压力就会消除!

但是,"好人"即使感到"不快",也会优先想到"如果把自己的不快传达给对方,对方就太可怜了",然后继续保持微笑,将这份不快滞留在大脑中。

不快的感觉经常会被错认为是疲劳,于是不快就无法消除,只会不断积累。"好人"无论感到多么疲劳(不快),也会微笑以对,所以,没有人能发觉"好人"的真实感受。

"好人"之所以觉得"如果自己不笑脸相待,就会让他人产生不快",是因为不信任他人。**从某种意义上来说,"好人"只相信自己**,所以才会在所有人面前都扮演"好人"。

但是,越是成为"好人",其他人就越是会扮演与之相反的角色,因此"好人"无法相信任何人!

对于"好人"来说,即便如此也很难停止微笑。但有一个简单的方法可以让自己做到。只需要在心里默念"放心"即可。也就是说,面对那些让你强颜欢笑的人,试着在心里默念"放心"。然后,你可能会发现:"咦?自己的笑容和以往不同!"

**最好的办法就是对着镜子尝试一下**。想想总是让自己扮演"好人"的那个人,对着镜子做出面对对方时的表情。这样,你就能知道自己强颜欢笑的样子。

然后,在大脑中默念"放心",就会发现:"啊!我的面部表情放松了下来!"这时,镜子里的表情,就是你感到放心时的表情。

**默念"放心"时,就不会再强颜欢笑,这样周围人的回应反而更好**。周围人的面部表情也会变得放松,不可思议的是你也能从中感到安心而不再做"好人",展示自己的真实表情,才能开始相信周围的人。

是的,只要真心露出"安心"的表情,周围的人就会变得值得信赖,这样一来,大家和你都会感到安心。然后,你会发现之前的疲劳感消失了,可以更加自由地行动,心情也变得更加愉悦。

## 不要因为拒绝他人而责怪自己

"好人"拒绝他人的请求之后,就会后悔:"我为什么拒绝了呢?"进而变得不安:"那个人可能会因此而讨厌我!""对方是不是不会再相信我了?"接下来,甚至会感到愤怒:"那个人为什么只拜托我?""但凡考虑一下我的情况,就不应该提出那样的要求!"

这都是因为人类具备的恒定性机能发挥作用。所以,在感到"罪恶感"时,为了取得平衡,就不由得产生愤怒:"为什么我非得这么想不可!"

"好人"又会因此而产生"罪恶感",然后觉得"我不该这么想",为了取得平衡,就会自动产生"对方不对"的想法。甚至产生"早知道这么苦恼,当初就不该拒绝"的想法,于是又会重复当"好人"的行为。

就像拉锯战一样,"罪恶感"和"愤怒"交互出现,如果能够停止这一点,就能轻轻松松不再当"好人"。

方法十分简单,当你因拒绝他人的请求而产生"罪恶感"和"愤怒"的时候,只要在脑海中想着"原谅自己"即可。

当"好人"拒绝他人的请求时，大脑就会产生一种自己会被对方责怪的错觉，但实际上是自己在责备自己。

**大多数情况下，一旦开始自我责备，大脑就会胡思乱想，产生对方真的讨厌自己并在责怪自己的错觉，然后信以为真。**

人们可以通过思考来创造现实。因此，如果认为对方生气了就会当真。拒绝他人之后感到后悔和产生"罪恶感"时，默念"原谅自己"，心中的拉锯战就会停止，这两种想法就不会再交替出现。

然后，和拒绝过的人再次见面时，就会发现一个温柔的现实展现在自己眼前，对方并未责怪自己，现实"和我想象的情况完全不同"！

只要对自己说"原谅自己"，不再自我责备，就能看到一个温柔的现实世界，这是专为"好人"准备的世界，"好人"会明白完全没有必要做无谓的担心和自我牺牲。

也许会感到若有所失，但即便如此也要经常默念"原谅自己"。然后，接受这一现实，在这个为自己特意准备的现实世界中，自由自在地享受生活的乐趣。

## 卸下伪装，就能得到他人的信赖

疲于处理人际交往的人除了要扮演"好人"之外，还会伪装成"体贴的人""善解人意的人"和"正直无私的人"。

扮演"体贴的人"，就会觉得他人很可怜，或者"他人遇到困难，我必须帮忙"。另一方面，因为人际关系恒定性的规律，大脑中也会产生截然相反的想法，认为"对方活该""对方是在装可怜"。由于这一特性，就会产生罪恶感："我居然这么想，对方真是太可怜了"，从而必须在对方面前装成"体贴的人"。

"善解人意的人"也一样，在对方面前假装"我很理解你的这种心情""你已经很努力了"，大脑中就一定会产生与此相反的想法："不要老是依赖他人！""好好想想，就是因为你不够努力才会变成这样！"为了摆脱这些想法，"好人"就必须继续装作"善解人意的样子"。

同理，"正直无私的人"会对父母和周围人抱有罪恶感，因此必须装作一副"正直无私的样子"。受罪恶感支配，越是扮演"正直无私的人"，就越是觉得自己"并非正直无私"。这都是因为恒定性的缘故。然而，越是觉得"我并非正直无私"，罪恶感就越发强烈，因而只能继续装作一副"正直无私"的样子。

而且，一旦开始伪装，就会很难卸下这层伪装。因为一想到如果暴露了自己的伪装，就会被人认为是个表里不一的人，可能受到他人的轻视。

简单思考一下就会明白，如果对方是个值得信赖的人，自己就不需要伪装，可以展现真实的自己。这样的话，如果不得不在某个人面前伪装，也就意味着，自己无法信赖对方。"无法信赖"也就是说，自己一定会对其感到愤怒。

所以，如果要隐藏真实的自己，可以尝试进行"感受对他人的愤怒"的训练。

**这并不是说要直接向对方表达自己的愤怒。而是在大脑中想象不留情面地批评对方。**如果是正在进行伪装的人，也许会觉得："咦？这么过分的事情，我做不到。"

但是，越是扮演"好人""体贴的人""善解人意的人""正直无私的人"，在恒定性作用下，大脑就越会充满对对方的怨言。

只要练习，大大方方承认掩藏在内心深处的愤怒，就会发生有趣的事情。

此前一直在伪装，无法表达自己的真情实感，经过练习就会觉得"也许可以对这个人说真心话"，可以不用伪装，在对方面前展示真实的自己。

于是，你就会感到这才是真正意义上的信赖！

一名男性在部下面前扮演着温柔的上司，导致部下在他面前口无遮拦，令他十分困扰。他装出一副善解人意的样子对部下说："如果有急事的话，可以把工作先放一放！"结果，部下事先不打声招呼就擅自提前下班回家，让他十分不爽。

但是，他正扮演着"正直无私的人"，再考虑到当下的社会风气，他说服自己："我没错。部下的举动也符合当下的工作方式改革，所以部下也没有错。"

虽然这么劝自己，但他总觉得郁郁不快。后来，部门的业绩也在不断下滑，他经常被人说是"没有管理能力的上司"，并因此焦头烂额。

于是，我让这名男性进行了"感受愤怒的训练"。他一看到部下，就在心中练习对其严厉批评：

"工作都干不好，还敢这么吊儿郎当的！"

"你好好想想，自己到底做得怎么样！"

这么过分的话，就连他自己也感到惊讶："我原来是这么想的！"

过去因为担心"被人讨厌""部下可能辞职走人"而小心翼翼地对待部下，反而让自己一肚子火。但是现在他可以直截了当地向部下表达自己的想法，"希望你能遵从我的指示"，反而惊讶地发现"部下作为团队的一员能够有所作为"。

通过卸下伪装的练习，他能够和对方平等交流，表达自己的真实感受，并和对方建立真正的信赖关系。

# 第5章

# 把自己当成世界的中心

## 世界以我为中心

"好人"倾向于认为："我是为了某个人而存在，并为此而生的。"所以，"好人"为了寻求理解并感谢自己的人，费尽心思讨好所有人。

周围的人看着这样的"好人"却不断嘲讽，认为"好人"是因为想被人表扬所以才这么做；因为想要得到他人的认可，所以只是在装"好人"。

但是，"好人"的真正目的是为他人谋求幸福。

**就算得不到他人感谢，"好人"也真心希望对方获得哪怕一丝的幸福，为此不惜牺牲自己。**因为是"好人"，所以即使得不到任何人的理解，也真心希望身边的人能够幸福。

然而，现实却是，就算"好人"牺牲自己去帮助对方，对方也一点都不幸福。而且，对方非但没有获得幸福，遇到的难题反而越来越棘手。于是，"好人"会进一步牺牲自己，拼尽全力为对方付出。

因为相信"凭借我的力量可以让对方幸福"，所以对方越来越不幸，"好人"就会更加自责。"好人"将对方的不幸都归咎于自己，"都是我的错""都怪我的能力不足"，因而责备自己，最终降低自我肯定感。

在一般人看来，"好人"总是自以为是，认为"对方的不幸都是我害的"。不过，"对方的不幸都是我的错"的这种想法还是有一定道理的。

**每个人的世界都是以自我为中心转动**。世界以自我为中心转动，但如果将对方当成自己世界的中心轴，自己的世界就会扭曲，就会产生不幸的现实。

"好人"会将自己世界的中心放在想要帮助的对方身上，所以"好人"的世界就会以对方为中心转动。

"好人"出于为对方着想的目的，设身处地地为对方考虑，使得本应以自我为中心转动的世界，将中心转移到了对方身上，就会感到世界发生扭曲，现实犹如噩梦一般。

那么，"好人"应该怎么做呢？这时，"好人"只要想着"世界以我为中心转动"即可。无论是身边的人，还是遇到困难的人，所有人存在的意义都是为了让我幸福。

所以，"好人"不需要伸出援手，只需要期待"围绕在我身边的人会为我创造出一个多么精彩的世界"。

"好人"是世界的主角，其余的人都是用来给自己创造幸福的。

当"好人"将世界的中心从他人身上转回自己身上时，世界就会围绕着自己转动，周围的人也会变得幸福。

将世界的中心转回自己身上时，当"好人"时所感受到的噩梦般的现实就会恢复正常，变成所有人都能变得幸福的美好世界。

## 以自己为中心就能让大家幸福

如果觉得"只有我受到排挤"的话，这就意味着，自己把世界的中心放在了他人身上，而不是自己身上。于是，现实世界开始扭曲，大家都无法获得幸福。

由于周围的人都无法幸福，世界就会变成一个"毫无同情心"的冷漠世界。一旦身处其中，"好人"就会变为异类，从而觉得"只有我受到排挤"。一说"只有我受到排挤"，大家就会认为"这会不会是你的错觉"？就像大脑制造出的幻觉一样。

但是，越是当"好人"，"世界的中心就越不是我"，世界就会越扭曲，大家都得不到幸福，内心空虚。只要"好人"与大家不同，就会受到排挤。

"好人"想尽一切办法使大家获得幸福，但越是对周围的人当"好人"，自己就会越发远离世界的中心，使大家无法获得幸福，自己受人排挤，陷入这样的恶性循环。

**只要把世界的中心放在自己身上，对自己好，就会获得幸福。**然后，受自己幸福的影响，周围的人也会变得幸福。幸福的人渐渐增多，也就不会发生"只有我受人排挤"的现象。

"好人"既想要变得幸福，又总会产生不安，担心被孤立。这是因为"好人"觉得"大家都不幸福，只有我获得幸福的话，就会受人排挤"。

因为大家都很不幸，所以如果只有自己摆脱不幸的话，大脑就会产生错觉，认为"只有我受人排挤"。"好人"明白，"只要大家都变得幸福，我就能融入其中"。因此，"好人"希望大家都能幸福，但越是这么想，世界的中心就会离自己越远，世界就会扭曲，大家也不可能获得幸福。就算为他人拼尽全力，这个人也不会因此获得幸福。"好人"很难理解这一点。

"好人"会想，自己为他人做好事，受到对方的感谢，那个人是否因此获得了幸福呢？

但实际上，即使对遇到困难的人伸出援助之手，对方也只会认为成功的话都是我的功劳,失败的话都是对方的过错,这就是人性本恶的表现。

因此,对方虽然表面上表达了感谢,但内心深处还是认为这都是"多亏了自己"。"好人"出于一片好心而出手相助,对方却不真心感激,只会让"好人"变得越来越不幸。

但是,当"好人"把自己作为世界的中心而生活时,就会越来越幸福。把世界的中心放在自己身上时,"好人"就会发现,为他人而活才是阻碍自身幸福的桎梏。让我们挣脱这一桎梏。只有这样做,才能拥抱幸福,周围人也才会纷纷效仿,为他们自己而活。

周围的人不再是没用的人,而是变成有用的人。大家都能够朝着幸福的方向不断前进。

## 承认错误,但无须反省

"好人"即使为他人付出也得不到回报,于是就会开始后悔:"我是不是不应该那么做?""我为什么要那么多嘴呢?"然后陷入自我厌恶中。

一般人如果知道"好人"的想法，可能不明白为什么为对方着想做事情要后悔呢？

然而，"好人"出于一片好心为对方做事情，之后必定会感到后悔，陷入极度自我厌恶中，备受折磨。然后拼命想要打消这一想法。

回顾过去，将自己的所作所为正当化，"在当时的场景下那么做是正确的"。只是，一想到对方的表情就会感到焦虑不安："我果然多管闲事了吧？"一会儿想着"我没有做错"，一会儿又觉得"我果然多管闲事了"，最后受不了，"真是够了"。

无论当时对方多么真诚地表达感谢，"好人"之后还是会无法抑制地质疑自己："也许我多管闲事了？""好人"感到的这种自我厌恶，在某种意义上并没错。之所以这么说，是因为"好人"出于一片好心帮助对方，反而会扭曲对方的世界。

**实际上，最好不要帮助对方。因为从结果来看，帮助他人无法让他人获得幸福。**

"好人"内心深处很清楚这一点，所以才会在帮助他人之后，不由得回想当时的情景，担心"我也许是在多管闲事"。而且，由于之前所说的人性本恶，人们只会觉得，"成功的话都是我的功劳""失败的话都是对方的过错"。因此，无论对方表面上再怎么感谢，"好人"也感受不到，"完全没有感受到对方的感激之情"。然后，"好人"就会不安："咦？我是不是做错了？"

遇到这种情况，一般人就会觉得："看吧！你果然还是想要得到别人的感谢！"然而对"好人"来说，事实并非如此。

"好人"并不想被人感谢，因为就算他人表示感谢，"好人"也只会一心挂念着："我到底有没有做错？"

**被人感激之时，如果对方的反应和预想不同，"好人"就会质疑之前这么做到底对不对："也许我做错了？"** 于是，"好人"不断自我反省，一一回想："那个时候那么做是不是不对？"然后陷入自我厌恶："我果然做错了！"所以，一旦陷入自我厌恶时，不如干脆承认："我确实多管闲事了！"因为，"好人"如果不以自我为中心，就会扭曲对方的世界，使对方陷于不幸的境地。

因此，可以大大方方承认是自己多管闲事了。关键是，要勇敢承认自己多管闲事了，但无须反省。

"好人"所认为的反省，就是寻找自己可能做错的地方。

不过，这看起来也像是在寻找一丝微弱的救赎之光，来证明"也许我是对的"。内心深处的某个角落始终认为"我没错"，因为"好人"能感受到事物的本质，所以很清楚这种感觉其实和对方的幸福没有关系。因此，即使周围人再三强调"你做得没错"，"好人"也还是会觉得不对劲，"到底哪里有问题？"然后就会胡思乱想："难道我全错了？！"最后陷入自我厌恶。

因此，当陷入自我厌恶时，可以大方承认"我多闲事了"，于是，"好人"就能学会默默守护对方，不再多管闲事。然后"好人"能够把世界的中心放在自己身上，周围人也渐渐变得幸福，"好人"也可以从自我厌恶中得到解放。

"好人"开始意识到，自我厌恶实际上有着非常深刻的意义，那就是让自己勇敢承认"我多管闲事了"！

### 对自己说："我就是最闪亮的那颗星！"

"好人"很难把世界的中心放在自己身上。因为"好人"总是把世界的中心放在他人身上，不习惯事事以自我为中心。但是，如果不让自己成为世界的中心的话，世界就会扭曲。

将自己和其他出类拔萃的人进行比较，会觉得"和他们相比，我一无是处",甚至认为"其他人都如此优秀，我不值得成为世界的中心"。

所以，这就需要让我们的大脑相信"我就是最闪亮的那颗星"。

这是为了让"好人"将自己看作世界的中心而向大脑施加的心理暗示。也就是说，如果相信"我就是最闪亮的那颗星"，那么就会看到周围的人在自己的光辉之外闪耀光芒。

默念这一暗示语句，就会发现周围人本身是不会发光的。他们是在你的光芒照耀之下才能够发出光芒，并围绕你运转。然后，你就会自动成为世界的中心，能够为自己而活。

**只要开始思考"能为他人做些什么"，就立刻在大脑中默念"我就是最闪亮的那颗星"**。这样一来，就会明白最重要的是自己绽放光芒，没有必要为对方做任何事情。

就是如此。只要自己能够绽放光芒，对方也会闪耀美丽的光芒。

以对方为中心的时候，对方之所以没有绽放光芒是世界扭曲的缘故。因此，要想修正这一扭曲的世界，就要相信"我就是最闪亮的那颗星"，并将自己当作世界的中心。

一旦习惯了这一说法，就会产生一种奇妙的感觉，和周围人保持适度的距离。大家都在"好人"的光辉照耀之下闪耀着美丽的光芒。

看到这一点,继续默念"我就是最闪亮的那颗星",于是自己的光芒可以扩散到很远很远,点亮更多的人,就会发现"我竟然影响了身边这么多人"!

**过去,一直以为自己孤身一人在黑暗的世界里,但事实并非如此。**越是相信"我就是最闪亮的那颗星",扭曲的世界就会越快恢复正常。自己的光辉照耀到身边的所有人,第一次真切感受到周围人的存在,就会明白"原来我并非孤身一人"。

原本光芒只照耀身边的"好人",不断默念着"我就是最闪亮的那颗星",于是以自己为中心发散的光芒愈加闪耀,然后吸引更多的人。

## 只在乎自己的快乐

朋友关系也好,职场关系也好,家庭关系也好,人们总会烦恼"不知道该如何和周围人相处"。

首先,大家要明白的是,当你这么想的那一瞬间,世界中心就偏向了对方。顾及对方的感受,站在对方的立场上思考,就会产生世界扭曲的现象。

实际上,"不知道该如何和他人相处"本身就是正确答案。因为,不管怎样和对方相处,对方都会变得不幸。

除非"好人"把世界的中心放在自己身上,变得幸福,否则对方就无法绽放光芒,只会越来越不幸。"好人"正是因为明白这一点,所以才会不知道与他人相处的方式。

对于"不知道该如何和他人相处"的人来说,需要进行有效练习,以便将世界的中心放在自己身上。

首先,试着想象与他人打交道的场景,并在心中确认第二章提到的"快乐—不快"开关。

**将世界的中心放在自己身上的第一步,就是远离令自己感到不快的人。**

如果与对方打交道令自己感到快乐,即将确定与对方交往时,怎么做才能变得"快乐"?这是自己成为世界的中心的重要一步。

不要做让自己感到不快的事情。只在乎自己的快乐,就会将自己放在中心位置,与对方的关系就会突飞猛进。

一名男性表示:"妻子总是黑着脸,不知道该如何和妻子相处。"他总是想着妻子,事事把妻子放在第一位,但妻子却越来越不高兴,他也不知道为什么。

妻子责备他:"你从来不好好听我说话。""一点也不谅解我!"

"好人"丈夫就会格外在意妻子说的话。然而妻子还是一点也不满意,变得越来越不高兴。

于是,我请他先确认自己内心的感受,和妻子相处是"快乐"还是"不快"。

最后,他表示感到"不快",于是他虽然感到"很抱歉",但还是和妻子保持了距离。

结果,因为不高兴而一直绷着脸的妻子逐渐表现为"好人"。

这时,我请他再次确认,和妻子相处是"快乐"还是"不快",结果他回答感到"快乐","既然如此就和妻子敞开心扉聊天吧"。

我进一步向他确定:"怎样聊天会让你感到快乐?"

他回答:"只是听妻子说话就会令自己快乐。"于是就变得愈发爱听妻子的话。

这样一来,妻子竟然主动表示:"抱歉过去让你这么痛苦。"这名男性惊讶不已。

他过去一直为没能满足妻子而感到痛苦，但当他把世界中心放回自己身上时，就会发现，过去自己做错了。

"好人"如果按照自己的心意生活，对方也会变得朝气十足，焕发活力。

为了将自己看作世界中心，就需要进行"快乐—不快"开关的练习，这样才能感到自己给他人带来了多大的影响，发出了多么耀眼美丽的光芒。

## 不要帮助遇到困难的人，而是仔细观察

任何人在衡量自己的价值时，都容易和他人进行比较，并将周围人对自己的信赖程度作为评价标准。

但是，这一行为和将他人作为世界中心是一样的，将使世界变得扭曲，进而令人产生"我毫无价值"的想法，也就越发无法将世界中心转回到自己身上。

特别是"好人"，因为看不到自我价值，所以就不得不在他人面前扮演"好人"。

想要从毫无价值的自己身上找出一丝价值而努力当"好人"，却因为这样，进一步拉低了自我价值，从而越发无法从

"好人"束缚中脱身。

"好人"没有注意到，以他人为评价标准会扭曲世界，让大家陷入不幸的境地。

因此，大家可以一起来进行发现自我价值的训练。

想要帮助他人，"必须为对方做些什么"。每当此时，什么都不要做，细心观察对方。

于是，你就会发现，看起来一脸困扰的对方，开始发出耀眼的光芒。只要不以对方为中心行动，静静观察对方，就会发现，对方可以摆脱不幸的境地，逐渐变得幸福。这时，明明自己什么也没做，却觉得"也许正是多亏我什么都没做"。

扮演"好人"，为对方费尽心思的时候，完全不会想到这些。"什么也不做，只是观察对方"，静静等待，仅仅这样，对方就会改变。与此同时，自己也会发现自我价值："多亏我什么也没做！"

意识到在自己的光芒照耀之下，对方能够发出光芒，从而能够肯定自我价值。

什么都不做，只是待在大家身边，默默守护大家，大家就会变得自由，收获幸福。

这个时候，"好人"如果能够感受到大家的嫉妒"太狡猾了"，那就证明"好人"意识到了自我价值。正是因为自我价值，大家在自己的光辉照耀下，都能大放异彩。

"好人"可以通过什么都不做来确认自我价值。

## 把时间用在自己身上

"好人"要想认识到自己就是最闪亮的那颗星而进行练习，就不要花费时间为他人着想和行动。练习把花在别人身上的时间用在自己身上，就能变得自信。

**自信，是发现自我价值的契机。**

"好人"总是只考虑他人。"我是在替他人着想！"当意识到这一点时，就要转变想法，把时间用在自己身上。

单纯思考：想为自己做什么？有意识地将原来为他人而花费的时间，用在自己身上，就会发现："噢！我更自信了！"当自己变得更加自信时，周围人就会变得越来越幸福。重要的是，周围的人越幸福，自己越要反复进行练习，将时间用在自己身上。

周围人过去只会认为自己是个"好人"，现在则会觉得"那个人，最近是不是变得更加自信了?!"这样练习才算是合格。

**自己变得越来越自信就会形成一种良性循环，把世界的中心放在自己身上，大家也会获得幸福。**

　　**练习自信和肌肉训练是一个道理**，经过锻炼，肌肉就会变得匀称，具有美感。

　　反复进行获得自信的练习，"好人"就会把世界的中心放到自己身上，就能看到一个美丽而平衡的世界。

　　这一练习的诀窍在于，当意识到自己正在当"好人"的时候，要在心中赶紧叫停："不要这样做！"

　　然后，在心中大喊："把时间用在自己身上！"将这一想法付诸实践，并不断重复这一过程。

　　这对普通人而言是再简单不过的事情，但对于"好人"来说却可以称得上严酷的训练。这是因为"好人"总是只考虑他人，把时间都花费到其他人身上。

　　即使是独自一人的时候，也在为他人考虑，想要解决他人的问题，当然会觉得训练"十分困难"。

　　正因如此，就像通过反复进行肌肉训练会慢慢练出肌肉一样，只要不断进行练习，"好人"就会把世界的中心慢慢放回到自己身上。

　　坚持不断练习，如果发现"周围人在发出耀眼的光芒"，那就表示自己成功了。

　是的,只要能够保持"自信",大家就会绽放光芒。在"好人"的光芒照耀之下,大家都会变得幸福。

# 第 6 章

# 不再害怕被人讨厌

### 以自己的正当需求为中心，不要怕遭人嫉妒

无法摆脱当"好人"的一个原因是，以自我为中心时，会遭到来自周围人的嫉妒。

嫉妒是动物的大脑本能在发挥作用，嫉妒时人的大脑中会产生过量电流，认为"那个人只想到自己，太狡猾了"。

对方产生的这一电流会传递到接受者的大脑，使大脑放电，感觉像是受到了惩罚一般，所以接收电流的一方会觉得"我不能以自己为中心"。

**以自己为中心可以让自己变得自由，但也会遭到周围人的嫉妒，有些人会被迫恢复"好人"的立场。**

当"好人"以自我为中心生活，变得快乐幸福，开始闪耀着光芒，周围的人就会产生嫉妒："只有你这么幸福，太狡猾了！"而周围人一旦开始嫉妒，就会化身为破坏型人格，对"好人"说些刁难讽刺的话。

遭人嫉妒的一方，对这种破坏型的言行信以为真并自我反省："因为我做了坏事，别人才会这么说。"结果，"好人"认为自己不能以自我为中心，不得不顾及他人感受，继续扮演"好人"。

"好人"非常害怕被人说成是"以自我为中心""自私任性",为了避免别人这么说,"好人"才会以他人为中心进行思考。

"一旦以自我为中心就会遭人嫉妒"这一现象有一个有趣的模式,那就是"不彻底地以自我为中心就会遭人嫉妒"。

让我们用圆圈来表示一个人的内心。假设这个圆圈的中心是"以自我为中心思考的状态",圆圈中心越往外,越是"顾及他人的状态"。

"好人"认为,"越靠近圆圈中心,就越会被人嫉妒"。圆圈中心是指"只考虑自己的状态"。"好人"想着要保持适度平衡,所以不能光想着自己,还要顾及他人,就慢慢偏离了圆圈中心。

然而,其中却隐藏着一个"好人"所不知道的模式,即越靠近圆圈中心反而越不会被人嫉妒。**越是以自我为中心的人,就越不会遭人嫉妒。**

不过,也会产生一个现象,在"好人"努力靠近"以自我为中心"的过程中,最容易受到周围人的嫉妒。

因为到现在为止还没有达到"以自我为中心"的状态，所以要想实际感受到这一点，还需要花一点时间。

在这个过程中，周围人就会开始嫉妒，说些刁难讽刺的话，甚至恶语伤人，试图把这个人拉回"好人"的立场。

遇到这种情况，大脑可能会变得一片空白，自己想做的事情也无法做到。这就是受到嫉妒而大脑放电的状态。

如果"好人"变成了"以自我为中心"的状态，周围的人就会嫉妒，所以"好人"大脑因放电而变得一片空白，什么都做不成。

因为并不清楚对方是在嫉妒，所以"好人"无法意识到受到嫉妒的电击。这时，就要以自我为中心思考："因为受到嫉妒的电击大脑才会一片空白，我应该更加以自我为中心。"大脑就会开始恢复运转，更有效率地进行工作。

话虽如此，"好人"面对他人的刁难时，很容易受到打击而心情低落。因为"好人"一旦被人讨厌，就会不知所措。但是，对方并非讨厌"好人"，只是嫉妒发作罢了。因此，"好人"必须更加以自我为中心，只有完全以自我为中心，才不会害怕被人讨厌。

等自己到达圆圈中心时，就会发现这一切不过是对方的嫉妒心作祟罢了。

然后，周围的人就不会再嫉妒"好人"，也不在意"好人"，而是平淡地过自己的生活。

## 被人嫉妒时，将注意力放在脚底

他人的嫉妒，最明显的表现是"口出恶言""造谣中伤""讽刺挖苦"以及"破口痛骂"。让人难以察觉的嫉妒表现有"建议""提醒""担心"以及"无视（毫无反应）"。

即使对方就在眼前，也不知道对方在嫉妒自己。能够判别嫉妒的唯一方法是，好好确认自己对于对方言行的感受。**如果感到失落沮丧，"也许是我做错了"或是陷入不安，满心不快，就可以判定"我被人嫉妒了"**。

之后就会感到愤怒："为什么我要被人这么说？！"被说的那一瞬间就会陷入一时心乱如麻、竟无言反驳的状态，然后进行自我反省："也许是我不好？"

这就是被人嫉妒的证据。

嫉妒是指嫉妒的人在大脑内产生过量电流的状态，这些电流随着对方的言行流向"好人"的大脑，导致"好人"大脑陷入"触电"状态。

这样一来，"好人"的大脑就会退回到婴幼儿一样的精神状态，"大脑一片混乱，无言反驳""也许是我不好"。

然后，遭人嫉妒的一方，脑内电流紊乱，情绪反复无常，时而愤怒，时而自我反省："为什么我非要被人那么说！""真的是我不好吗？"

由于遭人嫉妒而大脑放电，大脑反复思考的过程中，不知不觉中就会放弃以自我为中心，等到发觉时，自己又变回了"好人"。

克服他人嫉妒的一个简单方法是"确认脚底的感觉"。

学生时代，有一次我用电脑写报告的时候，遇到打雷，伴随着"轰"的一声，宿舍被雷击中，我花费数小时写的报告全没了。

一般电子产品都会有地线，可以将电流导向地面，防止这种情况的发生。

嫉妒的电流也是一样的，从产生嫉妒心理的人那里传到接受者的大脑，但接受者可以将其通过脚底导向地面。

不要在意对方的话，将注意力转移到脚底，就能够摆脱嫉妒，消除反复愤怒和反省的痛苦。然后，就可以做到以自我为中心。

　　有的人可能会觉得"就算你这么说，我也无法马上做到"，可以想象对面站着一个"对我有敌意的人"，然后练习将注意力转移到脚底。

　　想象自己正与一个自认对其有愧的人交谈，就会感觉"我是不是对那个人做了坏事"。这个时候，将注意力放在脚底，注意力仿佛穿过鞋子和脚掌来到地面，于是，就会发现"我不再那么自责了"。

　　反复练习体会这一过程。最后，即使穿上鞋子，哪怕穿着拖鞋，也能将电流通过脚底导向地面，这样就可以轻松摆脱他人的嫉妒。

　　就连坐电车的时候，如果产生"我是否做了什么错事"的感觉，也可以尝试进行导出电流的练习。

　　在其他场景下，即使嫉妒自己的人就在眼前，只要将电流导向地面就可以摆脱对方的嫉妒，就能抑制自己和对方的感情，并恢复"以自己为中心"的状态。

　　这一方法在心理学上，叫作系统脱敏疗法（Systematic

Desensitization），由约瑟夫·沃尔普（Joseph Wolpe）博士提出。

由于受到他人"嫉妒心发作"的影响，自己产生焦虑恐惧的情绪，反复进行想象练习，将注意力转移到脚底进行放松，就会摆脱嫉妒。

这样一来，每当感到有人嫉妒自己的时候，就会自觉将注意力集中到"脚底"，达到放松的效果，大脑就不会再一片空白，可以冷静地观察对方。

## 强化吸引力，使讨厌的人远离自己

对每个人来说，一定存在棘手的人和讨厌的人。

但是，"好人"会告诫自己，不可以把他人当成是棘手的人和讨厌的人。

"好人"相信每个人的心中都一定心存善念，之所以会觉得有棘手的人和讨厌的人，是因为自己内心扭曲。

"好人"之所以会这么想，是因为"好人"觉得："其他人都能和那个人相处愉快，为什么只有自己和那个人相处不来呢？"

"好人"觉得，对一般人而言，不存在什么棘手的人和讨厌的人，他们和所有人都能够淡然相处，但是自己好像并非如此。

所以，"好人"会认为有问题的是自己。即使告诉"好人"大家都有自己觉得棘手的人和讨厌的人，"好人"也不会相信，因为"好人"觉得普通人和自己有差别。

普通人越是"以自己为中心"，就越是吸引重要的人靠近，并使其他人远离自己。而"好人"不是"以自己为中心"，吸引重要之人靠近的力量太小。而且因为吸引力太小，反而会被吸引力大的人（以自己为中心的棘手之人和讨厌之人）所吸引。

内心越是"以自己为中心"，吸引力就会越大，因此就越不会被讨厌的人吸引，自己身边只有重要的人。但是"好人"吸引力太小，只会被吸引力大的"讨厌的人"所包围。

如果"以自我为中心"，就不会被棘手的人和讨厌的人牵着走，可以自动与对方保持适当的距离。也就是说，自己就可以过上一种清静的生活。

以自我为中心生活并付诸行动，时刻贯彻"我的感受最重要"，就会发现"我的吸引力变得越来越大"！情况就会改变，

"棘手的人离自己远去""能够遇到对我重要的人"。

所以，如果认为无法摆脱棘手的人和讨厌的人，就要认识到是自己吸引重要之人的力量太小，并逐渐让内心以自我为中心，增大自身的吸引力。

棘手的人和讨厌的人越是远离你，就越要让自己的内心以自我为中心。这样，最重要的人才会被你的吸引力所吸引，一个平衡的世界就会到来。

## 大胆表现出讨厌的态度

"好人"即使在讨厌的人面前，也不敢表现出讨厌的态度。因为"好人"认为无论面对什么人，都要温柔以待。忽视内心讨厌的感受去扮演"好人"，脑内就会产生矛盾，进而就会在讨厌的人面前装模作样，甚至会表现出一副唯唯诺诺的样子，不想惹对方不快。

"好人"带着讨厌的情绪温柔待人，就会因为矛盾导致脑内电流紊乱，就无法摆脱痛苦。只要不断练习增大自身吸引力，就会发现一个有趣的现象："讨厌的人不再靠近我"。

可能有人会很好奇该怎么做，其实很简单，**重视自己的感**

受，讨厌就是讨厌！好好确认自己的感受，弄清自己对其到底有多么讨厌。如果觉得非常讨厌，甚至希望对方消失，那就承认这种感情。

不要以"工作"或"维系人际关系"为由来否定自己对他人的"讨厌"之情。

"讨厌就是讨厌！"表达出自己的真实感受。

要是觉得如果那么做会感到很抱歉，不如想想对方嫉妒你的时候的恶劣态度。

像这样，重视自己"那家伙真的非常讨厌"的感受，就能以自我为中心，然后惊讶地发现讨厌的人离自己远远的。

一旦以自我为中心，吸引力会增大，就会发现讨厌的人反而远离自己，需要的人靠近自己，从而创造一个快乐的世界。

## 对他人的嫉妒来自万能感

罪恶感来自万能感，即认为"我无所不能，能够改变一切"。

当我们说"对过去发生的事情怀有罪恶感"时，实际上想说的是"明明清楚过去无法改变，却还是奢望能够改变过去"。

实际上，自己有时会出于嫉妒并对他人说一些挖苦的话，因而抱有罪恶感。由于嫉妒是动物本能在发挥作用，所以自己是无法控制的。

即便如此，万能感也会让人觉得可以控制自己嫉妒的心理，从而产生一种罪恶感。

反过来想想，所谓罪恶感，就是试图控制自己无法控制的东西而产生的情感。

而且，越是抱有罪恶感，万能感就越强烈，觉得"我必须改变和控制一切"。于是，罪恶感也会增加。

至于为什么万能感会增加，罪恶感会让人痛苦，这一问题的答案很简单，因为我们没有以自我为中心。

如果不以自我为中心，就会以他人为中心。这样的话，世界就会扭曲，万能感越来越强烈，罪恶感也会随之增强。

**观看体育比赛的时候，经常有外行吐槽："怎么能在那个时机那么做呢！"这种感觉就是"万能感"。**

如果其他人说："你行你上啊！"结果外行人又会回答："我绝对做不到！"

这就是"好人"不以自我为中心，而是以他人为中心时所做的事情。

"好人"认为应该能够改变现状而采取了行动。失败了就会产生罪恶感。这一过程不断重复。

"好人"认为"我在谦虚地为他人着想",但实际上,这是万能感活跃的表现,对无法改变的事情采取行动,认为"我应该能够改变这一情况!"

"好人"最大的错误在于,认为"我必须谦卑地为他人而活",这种想法又助长了万能感。

如果万能感强烈,人们就会因罪恶感而感到痛苦,进而逐渐陷入更加谦卑的恶性循环。

因此,**为了从万能感中解放出来,就必须反复问自己:"我的感受是什么?"**

如果发现自己抱有罪恶感,要明白万能感在增强,要在心中默念"以自我为中心"。这样一来,扭曲的世界就能恢复正常,自己周围就会形成一个一切都无须控制的世界。

在这个世界中,根本不存在罪恶感,可以自由自在地生活。

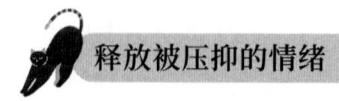

## 释放被压抑的情绪

"好人"因为顾及周围人的感受,会担心"我生气的话会让他人不快"，从而压抑自己的感情。"好人"认定，自己的负面情绪，如愤怒，会使周围人不快。但是，正是因为压抑自己的愤怒，反而使世界扭曲。

自己会被他人看作是"没骨气、没主见的废柴"而受到轻视，也会被他人认为"对这个人做什么都可以"，然后被人利用、任人摆布，经历噩梦一般的现实。

明明很愤怒的"好人"，觉得如果将愤怒表达出来，"可能会伤害对方"，因而压抑自己，时刻以对方为中心，这样就会让世界扭曲。

内心深处所涌现的情绪是自己的东西，压抑这一情绪则意味着是在"以对方为中心"。如果不"以自我为中心"，世界就会扭曲，你就会陷入噩梦般的现实无法自拔。无论何时何地都是如此。因此，以自我为中心，就能够重视自己心中的感受。

如果感到愤怒不已，没有必要直接表达出来。但是要坦率承认"我感到愤怒"并重视这一感受，并且无须责备自己受愤怒支配而采取的行动。

愤怒之类内心涌现的感情，就像"放屁"一样，是一种生理现象，无须控制。

先不谈要不要在人前发泄自己的愤怒，必须坦率承认内心涌现出来的感情。这样的话，这种感情也会很好地帮助"好人"恢复世界的原样。

**愤怒会让自己和令人不快的人保持距离。而且，愤怒还会让自己明白"我的事情我做主"，和令自己不快的人划清界限。**

即使自己不明白感情的作用，但当自己以自我为中心时，感情会努力为自己创造一个友好的世界。

过去，"好人"如果这么做，就会对周围人感到抱歉。但是，"好人"逐渐会意识到，以自我为中心建立的世界对大家来说都是一个幸福的世界，"我不必感到抱歉"！

## 尝试挑战因为害怕而不敢做的事情

"好人"最害怕的就是"被人讨厌"。"好人"非常害怕他人对自己生气、失望或者无视自己。

对于"好人"来说，一旦发生了这种事情，就仿佛到了"世界末日"，心生绝望，认为"我已经不行了"。因此，为了避免这种情况，"好人"拼命揣摩他人心思，内心惶恐不安，为他人尽心竭力。

然而，周围人完全看不到"好人"内心的煎熬，只会认为"好人"是懦弱的人。没有人注意到"好人"非常害怕被人讨厌。

但是,"好人"也害怕将自己的恐惧暴露于人,会惹人生气、被人讨厌,所以"好人"就会更加害怕。

而且,担惊受怕之下还要去顾及他人的感受,世界的中心不再是自己而变成其他人,世界就会发生扭曲,从而陷入噩梦般的现实,感觉"对方的态度变得越来越差"。

最大的问题是,即使"好人"希望"每个人都幸福",但是因为世界是扭曲的,大家永远也无法得到幸福。

现实是,无论"好人"再怎么努力,大家都只会越来越不幸。要想实现"大家的幸福",就需要"好人"以自我为中心。但是"好人"一直以来光顾着考虑他人的感受,所以"好人"不明白该怎样做才算是以自我为中心。

因为害怕被人讨厌而无法以自我为中心时,应该尝试挑战"因为害怕而不敢做的事情"。"好人"之所以觉得害怕而不敢做,是因为他们下意识认为,"如果做到的话,就会被他人嫉妒和讨厌"。

"被人嫉妒和讨厌"这一想法会给"好人"戴上枷锁,使

"好人"不敢行动。一旦感到"害怕",就会对要做的事情犹豫不决。

因此,试着在自己的内心中寻找因为害怕而不敢做的事情,尝试去挑战一下,这样的话,就能够以自我为中心。

一名女性因为害怕生人而不敢去健身房。她意识到,"我害怕去陌生人多的地方"!于是逼着自己去了健身房,慢慢塑造了一个好的体型。结果,周围的人注意到她的改变,就会来问:"怎么了?怎么瘦得这么厉害!"

在那一瞬间,她的大脑一片空白,感到不安。"去健身房,是不是对身体不好呢?"后来她才明白自己被人嫉妒了。

这名女性意识到,感到被人嫉妒本身就说明自己还无法以自我为中心!于是更加勤快地去健身房,自然而然地,周围的人也在"好人"(这名女性)的影响之下,开始去健身房,大家都变得健康起来。

**自己变得健康、美丽,周围的人也在自己的影响下变得越来越美丽,这名女性就获得一种成就感,觉得自己的愿望实现了。**

另外,还有一名男性因为害怕而无法用英语对话,他意识到了这一点,所以挑战报名了英语会话班。

一旦开始尝试,就发现学习英语会话也很有趣,从而继续愉快地进行学习。

他的妻子看到他这么努力学习,也只是冷言冷语道:"学习英语就是在浪费钱!"

这名男性就会感到不安,甚至怀疑自己做错了:"我是不是乱花钱了?"但是,后来这名男性想通了,"对方是在嫉妒!"于是更加积极地去上课。在他的影响下,他的妻子也在不知不觉间开始热衷于参加广播英语会话课程。她甚至邀请丈夫一起出国旅行:"我们一起去海外旅行吧!"

他原本认为很小气的妻子竟然邀请自己去旅行,而且沿途担当导游,这一切都让他感到难以置信。

**尝试因为害怕而不敢做的事情,就是在以自我为中心,并且是遭人嫉妒也要让周围人幸福的重要一步。**

## 给总是为他人幸福着想的你

体贴善良的"好人"的优点也许就在于真心祈求他人的幸福。因为希望他人幸福,所以就会过于在意对方的感受。这样的话，总是把世界的中心放在自己以外的人身上，世界就会扭曲。

现实如果达不到"好人"的期望，反而大家都变得不幸，"好人"只会更加牺牲自己，竭尽全力为他人谋求幸福，并不断重复这一过程。但是，越是这样做，世界只会越发扭曲，对方也愈加不幸，形成一个恶性循环。

要想正确利用"好人"的优点——真心祈求他人幸福，就必须以自我为中心。行动时不再顾及他人的感受，而是重视自己的感受。无论内心涌现出怎样的感情，不要压抑自己的感情，要理解和接受它。

**无论何时，像以前体贴地对待他人那样，成为自己的伙伴，不要自我责备，而是要守护自己。**

在学会重视自己的过程中，即使受到他人的嫉妒电击，陷入不安或想要否定自己，但为了让大家获得幸福，也要继续以自我为中心。

是的，在这一过程中，大家可能无法理解"好人"的所作所为。当自己为了"以自我为中心"而去尝试挑战因为害怕而不敢做的事情，就会发现世界已经恢复正常了。

讨厌的人远离自己，重要的人靠近自己、陪在自己身边，自己就会由衷地感到开心。那些讨厌的人也在离开"好人"之后，过上了幸福的生活。

"好人"并不希望任何人不幸，而是希望大家都能幸福，即便如此，大家的幸福也不能依赖"好人"。"好人"以自我为中心生活时，世界会自然而然地恢复正常。

放弃为了让大家幸福的努力，尽力让自己变得幸福，这样，大家的命运都会改变，大家都会自然而然过上幸福的人生。

还有一个小问题是，大家都获得幸福的时候，"好人"会产生嫉妒的感觉："真后悔！"但是，这一嫉妒之情是"好人"对自己的嫉妒。这是因为，**自己的幸福能够让大家变得无比幸福**。

以自我的正当需求为中心，大家就都幸福可期。

图书在版编目（CIP）数据

"好人"只会越当越委屈 /（日）大岛信赖著；段连连译. -- 北京：九州出版社，2023.3
 ISBN 978-7-5225-1474-1

Ⅰ. ①好… Ⅱ. ①大… ②段… Ⅲ. ①人际关系—通俗读物 Ⅳ. ① C912.11-49

中国版本图书馆 CIP 数据核字 (2022) 第 224669 号

HITORI DE GANBARUJIBUN WO YASUMASERUHON
by OSHIMA NOBUYORI
Copyright © 2019 OSHIMA NOBUYORI
Original Japanese edition published by DAIWASHOBO Co.,Ltd.
All rights reserved.
This Simplified Chinese language edition is published by arrangement with DAIWASHOBO Co.,Ltd in care of Bardon-Chinese Media Agency, Taipei.

著作权合同登记号：图字：01-2022-3041

## "好人"只会越当越委屈

| 作　　者 | ［日］大岛信赖　著　段连连　译 |
|---|---|
| 责任编辑 | 张艳玲　周　春 |
| 出版发行 | 九州出版社 |
| 地　　址 | 北京市西城区阜外大街甲 35 号（100037） |
| 发行电话 | （010）68992190/3/5/6 |
| 网　　址 | www.jiuzhoupress.com |
| 印　　刷 | 嘉业印刷（天津）有限公司 |
| 开　　本 | 889 毫米 × 1194 毫米　32 开 |
| 印　　张 | 4.75 |
| 字　　数 | 77 千字 |
| 版　　次 | 2023 年 3 月第 1 版 |
| 印　　次 | 2024 年 3 月第 1 次印刷 |
| 书　　号 | ISBN 978-7-5225-1474-1 |
| 定　　价 | 48.00 元 |

★ 版权所有　侵权必究 ★